Die Ros ist ohn warum; sie blühet weil sie blühet,
Sie acht nicht ihrer selbst, fragt nicht, ob man sie siehet.

MONDO-VERLAG

REINHARDT STUMM
GEORG STÄRK

DIE WELT DER
ROSE

Rosenblüten, Rosenblätter: Süße Königin der Flur

Die Einladung zum Tee war fleißig erwirkt – sie kam nicht von selber. Die Adresse der Rosenfreundin hatte ich über eine der Rosen-Connections bekommen, die sich im Verlauf der Arbeit an diesem Buch ergaben. Die Empfehlung war dringend. Ich war neugierig, ich schrieb einen Brief und bat um die Gelegenheit zum Kennenlernen, zu einem Gespräch.

«Rosenfreundin» – wie sieht eine Rosenfreundin aus? Wie sieht ihr Rosengarten aus? Es gab gar keinen Rosengarten, ein paar Floribundarosen standen im Vorgarten, zwischen Straße und Haus, eine Kletterrose zeigte, es war früh im Jahr, die ersten grünen Triebspitzen, und die Terrasse im obersten Stock des hohen Stadthauses war sauber aufgeräumt, nichts von Gärtnerei.

Die Rosenfreundin war eine zauberhafte ältere Dame, die mich freundlich in die gute Stube bat. Mit dem trainierten Blick des Lesers sah ich zuerst die Bücherwand. Und die Rosenbücher. Reihenweise. Natürlich wußte ich schon, daß nicht nur Shakespeare und die Literatur über ihn ganze Bibliotheken zu füllen vermag, aber ich war doch überrascht. Rosenbücher sind in der Regel sehr schön, aber auch sehr teuer. Und wieviel Zuneigung, wieviel Liebe zur Sache muß jemand haben, um nun gleich eine ganze Monokultur aus Rosenbüchern anzulegen?

Ich hatte Zeit, mich umzusehen, die Gastgeberin war in der Küche, um den Tee zu machen. Das dauert in der Regel um die fünf Minuten. Ich sah, und alles in geschmackvoller, keineswegs übertriebener Fülle, die Hufabdrücke, die das Steckenpferd der Dame des Hauses hinterlassen hatte. Die Tischdecke zeigte ihr dezentes Rosenmuster. Das Teegeschirr war unzweifelhaft Meißen, der Boden des Desserttellers bestätigte es. Das Meißener Rosendessin ist weltberühmt. Zum Dessert gab es – wie könnte es anders sein – Rosenküchlein. Rosenaquarelle an der Wand, aber nicht Redouté, sondern Pinhas (über Pinhas steht mehr im Kapitel *Von den Namen der Rosen, s. S. 98ff.*). Auf dem Clubtischchen die Zeitschrift *Der Rosenbogen* und damit die Erinnerung daran, daß die Rosenfreundin keineswegs einsam und alleine eine Marotte pflegt, im Gegenteil. Sie ist, erzählte sie, oft Jurymitglied bei Rosenprüfungen (eine schreckliche Vorstellung, Rosen kommen tatsächlich am Ende der Schule zur Prüfung), sie beteiligt sich an den Reisen, die der Verein Deutscher Rosenfreunde e.V. veranstaltet, sie kennt selbstverständlich die Rosenprominenz, und sie hat ihre kleinen Geschichten, die sie gern erzählt und die ich nicht weitererzählen darf, weil sie ein schlechtes Gewissen hat. Dabei würde der schärfste Staatsanwalt mildernde Umstände dafür fordern, daß die Rosenfreundin (das darf ich aus der Schule plaudern) einmal in Spanien heimlich beteiligt war am Raub einiger Reiser von einer öffentlichen Kletterrose, in die sie sich unsterblich verliebt hatte. Leider gedieh das unrechte Gut nicht, aber der Zufall wollte es, daß sie kurz darauf und auf ganz ehrliche Weise doch noch in den Besitz genau dieser Kletterrose kam, und jetzt wußte ich natürlich, daß ich sie schon kannte – aus dem Vorgarten, im Vorübergehen.

Vielleicht beeindruckte mich an der Rosenfreundin der Feinsinn, ihre Zartheit des Gemüts, die tiefe Freundlichkeit, ihr stiller Ernst so sehr, daß mir mein eigener, doch sehr irdischer Zuschnitt schmerzlich bewußt wurde. Vielleicht war es gerade

4

der Nachmittag bei der Rosenfreundin, der dazu führte, daß ich mich beim Stoffsammeln mehr auf dem Acker und im Garten herumtrieb als in den Bibliotheken. Natürlich stand ich etwas eingeschüchtert vor soviel Rosenklugheit und Rosenwissen, und natürlich überlegte ich mir, was ich eigentlich noch dazutun könnte, ich meine wirklich dazu-tun.

Letztes Jahr im Dezember pflanzte ich in meinem französischen Garten achtzig Bodendeckerrosen neben dem Fahrweg zur Scheune. Es war Schwerstarbeit. Der Boden einen Spatenstich tief schöne Schwarzerde, erfreulich gut durchgearbeitet, darunter Steine. Später fand ich heraus, daß ich einen alten Weg erwischt hatte, aber jetzt mußten die Pflanzen in die Erde. Pflanzloch um Pflanzloch mußte ich mit der Spitzhacke aufreißen, der Spaten, am Anfang leicht und gut in den Händen, wurde schwerer und schwerer, unter der Steinschicht war der Boden lehmig, fast tonig. Kurz nach fünf Uhr war es dunkel, die letzte Pflanze war gesetzt, eine Flasche Aligoté kam aus dem Eisschrank, neben dem Pflanzplatz wurde die Bar auf einem Tabourettli eröffnet, das Werk wurde begossen. Es war ein unvergeßliches Bild, das silbern blitzende Tablett, die fauchende Petroleumlampe, die schönen Gläser, die schöne Flasche, weiße Servietten, und daneben feuchte Arbeitshandschuhe, schwarze Fingernägel, die Rosenschere, das Werkzeug.

Dieses Jahr haben sie geblüht. So reich, so überaus reich, es war ein Meer von Blüten, und ausgestanden waren Rückenschmerzen und Schwielen an den Händen und die kiloschweren Gummistiefel und der tonnenschwere Spaten und die zahllos herangeschleppten vollen Gießkannen.

Und doch will ich das nicht vergessen, möchte ich mich daran erinnern. Ich möchte auch daran denken, wie viele Menschen schwer arbeiten müssen, bis aus dem Sämling einer Wildrose eine Edelrose wird, die pflanzreif ist. Ich war neugierig auf die Gärtner, die Praktiker, auf die Rosenzüchter, die Baumschulisten, die Rosenwissenschaftler, auf das, was sie zu erzählen hatten. Und ich war neugierig auf die Menschen, die Rosenkataloge studieren und Einkaufslisten ausfüllen und Rosen pflanzen in ihre Gärten und geduldig darauf warten, daß die Königin der Flur, wie Hölderlin die Rose nannte, ihre Robe anlegt.

Und deshalb war es vollkommen richtig, daß ich mit einem Rosenschneidekurs anfing.

Ohne Fleiß kein Reis: Rosenschneiden

Meine Nachbarin hatte sich extra Handschuhe gekauft, Sonderangebot, und daß sie das überhaupt mitteilte, war nur dem Umstand zuzuschreiben, daß die lederbesetzten Neulinge so fleckenlos aussahen. Später erfuhr ich von einer anderen Dame ebenso beiläufig, daß sie sich eine neue Rosenschere gekauft habe, die alte hätte so schlimm ausgesehen, also damit hätte sie Obergärtner Marquardt nicht unter die Augen kommen wollen!

Rosenschneidekurs irgendwo. Irgendwo deshalb, weil Rosenschneidekurse vermutlich überall gleich aussehen. Vierzig muntere, meist schon etwas ältere Herrschaften sammeln sich im

Park, warme Sachen, Regenzeug, Gummistiefel, man kann nie wissen. Zum Schneidekurs geht man schließlich nicht im Sommer, es ist Ende März, frisch, der Wind geht, wer weiß, was der Vormittag bringt.

Zunächst freilich sitzen wir wie die Heringe eng beieinander in einer gemütlichen Gärtnerstube, die für so viele Leute nicht eingerichtet ist. In der Mitte unter der starken Lampe ein großer Tisch, auf dem liegen verschiedene Rosenpflanzen und lange Rosenranken. Warum schneiden wir? Wann schneiden wir? Wie schneiden wir? Der Obergärtner erklärt, hält eine Pflanze hoch, schneidet – schneidet entsetzlich kurz, wie das nervöse Lachen der Frauen anzeigt. Der Obergärtner gibt sich Mühe. Je kürzer Sie schneiden, desto jünger bleiben die Rosen. Drei Augen, vier Augen. Ist es wahr, daß das letzte Auge immer nach außen zeigen muß? Muß ich gerade schneiden oder schräg? Gerade, gerade! sagt der Obergärtner, aber ich habe doch schräg gelesen, sagt die Fragende, weil dann das Wasser besser abläuft. Wenn sie schräg schneiden, schneiden Sie unter Umständen zu tief, machen Sie sich keine Sorgen, gerade ab, ein Zentimeter über dem Auge, kann nichts schiefgehen. Und mit dem nach außen zeigenden Auge, schauen Sie, wir haben hier ein paar tausend Rosen im Park und fünf Gärtner, wo kämen wir hin? Wir würden nie fertig! Also es ist nicht nötig, aber wenn Sie Zeit haben, sieht es schöner aus, ganz gewiß.

Er hält einen der langen Triebe mit einer Pflanze zusammen, macht aus einer Floribundarose über dem Arbeitstisch eine Strauchrose. Hier, warnt er eindringlich, hier wird nicht einfach runtergeschnitten, da hätten Sie nicht viel Freude dran! Er erklärt die Unterschiede, verweist auf die sich schon zeigenden Austriebe, alles Blüten, alles Blüten, je waagerechter das Holz, um so besser, er erklärt den Sinn des Spaliers, dann schnippelt er den langen Trieb kurz und klein in den bereitstehenden Eimer.

Die Interessen der lebhaften Teilnehmer beginnen sich zu teilen. Der Obergärtner ist ein wundervoller Schauspieler, er ist in seinem Element. Nie frischen Kompost, warnt er jetzt, außer Sie haben Schnellkompostierer benutzt. Drei Jahre liegen lassen, dann kann nichts falsch sein. Denken Sie doch, Sie haben viel zu viel Stickstoff in frischem Kompost, da werden die Jahresaustriebe lang und weich und dünn, dasselbe bei Mist, Mist muß mindestens ein Jahr lagern – und natürlich ist Pferdemist am besten, wie früher, wir kommen ja langsam zu alldem zurück, was die Großväter gemacht haben, Hornspäne, nicht wahr, und Stallmist. Nur gibt es leider fast keine Pferde mehr, also woher den Mist nehmen und nicht stehlen, wieso nicht stehlen, man würde sogar stehlen, wenn man nur wüßte wo!

Inzwischen hat sich schon ein zweites Gespräch angebahnt, es geht offenbar ums Überwintern, und ich höre gerade noch den Kernsatz «alles, was im Boden ist, geht nicht kaputt». Nein, hilft er jetzt bei Düngeproblemen, ganz einfach, im April Hornspäne, im Juni Volldünger, im Herbst Kali, dann haben Sie nichts falsch gemacht. Nach dem richtigen pH-Wert wird gefragt und wie man ihn erreichen kann, und nach der Pflanzengesundheit: pH 6 bis 6,5 und Kalk, Luft, Wind, Sonne. Vorsicht mit Kalk, Ätzkalk ist gut, bei Kalkstickstoff aufpassen! Wassertriebe raus (denn eigentlich reden wir ja vom Rosen-Schneiden), und wenn Sie ganz dicke Äste haben, dann mit der Hebelarmkniepe. Er hebt das Werkzeug hoch und zeigt die beängstigend kräftigen Zangenmesser an den langen Stielen. Scharf muß das Werkzeug sein, kommen Sie mir nicht mit ausgeleierten Gelenken an den Scheren und schartigen Schneiden!

Nein, Wildrosen schneidet man erst nach der Blüte, nicht im April! Sie schneiden ja sonst alles ab, wofür Sie gearbeitet haben! Er nimmt wieder eine lange Ranke, erklärt die Wachstumsunterschiede, erläutert, was Blüte am einjährigen und am zweijährigen Holz heißt, zeigt dann aber auch, wie man durch entsprechenden Schnitt aus Kletterrosen Strauchrosen macht, Einkürzen und Seitentriebe auf ein, zwei Augen zurück, hokuspokus, fertig. Und alle drei, vier Jahre das alte Holz ganz raus und die neuen Triebe auf zwei, drei Augen zurückgeschnitten.

Ja, natürlich, man pflanzt immer zu eng, das steht ja auch immer so in den Katalogen. Pflanzen brauchen Platz, um sich entwickeln zu können. Sie müssen mit der Pflanze denken, mahnt der Obergärtner.

Machen Sie nichts mechanisch, warnt er, alles, was Sie mechanisch machen, sieht nicht schön aus.

Eine Stunde ist im Flug vorbei, wir wollen hinaus ins Grüne (das noch gar nicht grün ist), Obergärtner Marquardt ist jetzt richtig im Schwung, wir können leider nicht die ganze Rosenkunde hier auf einmal durchnehmen, entschuldigt er sich – die Leute hätten freilich, so scheint es wenigstens, nichts dagegen –, Sie sollen es ja selber versuchen, also brechen wir auf, draußen scheint gerade ein bißchen die Sonne, man ahnt den Frühling, auch wenn er noch weit ist, der Himmel ist trotz der Wetterwolken hell und offen.

Wir werden auf die Versuchsbeete losgelassen, da sind die Rosen noch ohne Namen, heißen zum Beispiel «Floribunda F 263», sie stehen dicht an dicht, sie sehen gesund und kräftig aus.

Wie lange noch? Die Damen und Herren zücken die Scheren, beugen sich über die Opfer, zögern, dann schneiden sie zu, beflügelt von den Erklärungen des Obergärtners, sie beraten sich untereinander, was meinen Sie, soll ich hier? Soll ich da? Nie Kleiderhaken stehen lassen, hören wir vom Nachbarbeet, wo der Obergärtner begutachtet und mit der Schere nachgeht, wo es nötig ist. Denken Sie daran, je stärker Sie bei den Teehybriden zurückschneiden, um so kräftigere Triebe bekommen Sie. Wenn Sie zu lang lassen, kriegen Sie diese Vorgartenbesen, die Sie alle kennen. Wie gefällt ihnen dies, fragt eine Dame an unserem Beet und zeigt mit ängstlichem Stolz ihre Schnittleistung. Na ja, sagt der Obergärtner, haben Sie sich angesehen, was für eine Rose Sie geschnitten haben? O je, was ist denn nun falsch? Sie haben kurz geschnitten, Sie haben tapfer geschnitten, sagt der Obergärtner, Sie haben eine Strauchrose kurz und klein geschnitten, sagt der Obergärtner, an der hätten sie eigentlich so gut wie nichts schneiden sollen. Also in Zukunft immer erst schauen, womit Sie es zu tun haben, bevor Sie die Schere ansetzen.

Und noch einer wollte etwas Besonderes wissen, wie das denn mit dem Duft sei und ob es denn in Zukunft wieder mehr Rosen mit Duft geben würde.

Der Obergärtner fragt zurück: «Duft? Ja, Duft, was ist Duft? Sehen Sie, das schwierigste ist, Duft zu züchten. Die wenigsten duften.» So denkt der Philosoph, so spricht der Philosoph.

Zwischendurch hat es auch schon ein bißchen geregnet. Das hat aber kaum jemand beachtet. Die Backen sind rot vor Eifer, es ist wie ganz früher in der Schule, jeder will der Beste sein, jede gelobt werden. Kann man einen Samstagvormittag besser verbringen?

Wann beginnt das
Rosenjahr? Im späten März?
In den frühen April-
tagen? Wann sehen wir
das erste zarte Grün an den
Blattspitzen? Wann
zeigt die erste Knospe Farbe?
Jedesmal beschließen
wir, nächstes Jahr genau
aufzupassen, jedesmal
ist es schon wieder zu spät,
Juni, die ersten Blüten
öffnen sich, der Rosenmonat,
der Farbenrausch.

Lichtkönigin Lucia,
Strauchrose, Kordes 1966.
Knospen dunkelgelb,
Blüte kräftig zitronengelb,
groß, gefüllt. Reicher Flor bis
zum ersten Frost. (Rechte Seite)

8

«Was Schönheit sei, das weiß ich nicht», sagte Albrecht Dürer. Die Trauer um das Sterben der Schönheit kannte er genau wie wir. Alles wendet sich am Anfang nach außen, alles verschließt sich am Ende. Das Wesentliche ist unsichtbar.

Baby Maskerade, Zwergrose. Zwergrosen stammen von der aus China kommenden R. chinensis ab. Sie sind in der Regel zwischen 15 bis 30 cm hoch und eignen sich deshalb vorzüglich für Staudengärten oder Balkonkisten und Schalen. (Linke Seite)

Mme Jules Gravereaux, Teehybride als Kletterrose, 1901. Blüte duftend, gedeckt pfirsichfarben, mit lachsfarbenem Fond, öfterblühend. Die Hagebutte ist von Rosa rugosa, einer der europäischen Wildrosen. (Rechte Seite)

*Jedem ergeht es gleich
– und damit haben wir die
Rosensymbolik schon
fast ohne Worte begriffen:
Rauhreif auf den
Blatträndern, gefrorene
Blüten, Knospen, die sich nie
mehr öffnen? «So weit
im Leben ist zu nah am Tod»,
dichtete der Deutsche
Friedrich Hebbel. Trauer
beschleicht das Gemüt,
die Sehnsucht nach Süden
und ewigem Frühling,
nach schmeichelndem Licht,
nach Farbe und Duft.
Erst die Betrachtungsweise
zieht den Wechsel der
Bedeutungsebene nach sich.
Der Gärtner prüft
das ausgereifte Holz, denkt
an den kommenden Winter,
an Schere und Schnitt,
der Philosoph in uns denkt
an die Vergänglichkeit
des Lebens, an zu frühen Tod,
an verweigerte Reife.*

Rosengeschichte, Rosengeschichten: Was in den Blüten zu lesen steht

Ich bin eine Blume zu Saron,
und eine Rose im Thal. (Das Hohenlied Salomons 2,1)
Mein Freund ist mein, und ich bin sein,
der unter Rosen weidet. (Das Hohenlied Salomons 2,16)

Im Paradies fing fast alles an, aber die Genesis weiß nichts von Rosen. Und die Gelehrten sind sich fast einig, daß die Rosen aus dem Hohenlied (im 2. Kapitel) gar keine sind. In der (englischen) King James Bible wurde die Freundin unter den Töchtern als *Lilie zwischen den Dornen* gepriesen. Luther glaubte fester an den hebräischen Text und übersetzte an der gleichen Stelle:

Wie eine Rose unter den Dornen, so ist meine Freundin unter den Töchtern. (Das Hohenlied Salomons 2,2)

Bei den Rosen Jesajas hatte freilich auch der Dr. Luther Bedenken. Er verdeutschte, obwohl im Original *Rosen* steht, was wir bis heute in der Bibel lesen:

Aber die Wüste und Einöde wird lustig sein,
und das Gefilde wird fröhlich stehen,
und wird blühen wie die Lilien. (Jesaja 35,1)

Vermutlich handelt es sich bei den biblischen Rosen um Malven, die wir ja auch gern als Stockrosen bezeichnen. Wann immer aber von Rosen geschrieben wurde, bei den assoziierten Zusammenhängen interessierte sich natürlich niemand für Botanik, man suchte die Metaphorik, die Bildsprache also, den Vergleich: Eine Rose ist wie – oder du bist wie eine Rose. Rilkes selbstverfaßter Grabspruch (1926), auf dem Grabstein neben der Kirche von Raron im Wallis zu lesen, hilft auch nicht gerade weiter bei der Bemühung, die Königin der Blumen sozusagen dingfest zu machen. Der Grabspruch hat Generationen von Wissenschaftlern irritiert, gereizt, verwirrt, zu langen Interpretationen stimuliert, aber niemand konnte bisher restlos überzeugend ausdeuten, was Rilke meinte:

Rose, oh reiner Widerspruch, Lust,
Niemandes Schlaf zu sein unter soviel Lidern.

Rose, das ist seit Urzeiten ein ausgemünzter, in der Bildwelt des Gehirns festsitzender, keineswegs unwandelbarer Begriff, dessen Wertigkeiten reflexartig freigesetzt werden, wenn das Stichwort fällt:

Schönheit selbstverständlich vor allem anderen, verlockende Süße, reizender Duft, Zartheit, Farbe (vom Inkarnat bis zum Blutrot). Das sind gewissermaßen die Realien der Blume. Und war die Rose schon die Königin aller Blumen im klassischen Elysium, wurde sie es nun auch im Paradies. Wir wissen, wie Martin Schongauer, wie Stephan Lochner die Madonna im Rosenhag malten. So dachten sie sich das Paradies, einen großen, umschlossenen Garten, in dem Rosen blühen. Da sitzt die Muttergottes, der Garten symbolisiert ihre Unberührtheit, die verschwenderisch blühenden Rosen symbolisieren Maria selber. Im Altertum war die Rose die Blume der Venus, der Liebe. Gegen die Rose konnte die Kirche nicht an, sie versuchte also, sie *umzubesetzen*. Aus der Blume der irdischen Liebe wurde die Blume der himmlischen Liebe, ein ganzer Kanon von Sinngebung und Auslegung entwickelte sich dazu, im Laufe des zwölften Jahrhunderts wurde die Rose zum Symbol der Gottesmutter Maria, zum Symbol der spirituellen Liebe.

Aber die Erinnerung an die andere, die sexuelle Bedeutungsebene ging nie verloren, um so weniger, als das Weltbild sich zu spalten begann, das Ende des Mittelalters war auch das Ende der Ganzheit. Waren es vorher die widerstrebenden, widersprüchlichen Kräfte der Seele, die in ein Ganzes eingebunden waren, das sie gewissermaßen gleichberechtigt konstituierten, war die produktive Spannung zwischen Gut und Böse, Hell und Dunkel, Immanenz und Transzendenz, Zeit und Ewigkeit, spiritueller und sexueller Liebe die Energie, aus der sich Leben formte, wurde nun das Dunkle ausgeklammert, das Böse verbannt, die Sünde dem Guten gegenübergesetzt. Das humanistische Raisonnement zerstörte, was bis dahin selbstverständlich war, das heißt, ganz von selbst verstanden werden konnte, weil es menschliche Grunderfahrung war. Von nun an war weltliche Liebe nicht mehr eine andere Erscheinungsform der unirdischen, spirituellen Liebe, sie stand ihr entgegen. Die Rose diente hier wie dort, weil sich die Erinnerung daran, daß sie die irdische Liebe symbolisierte, von der Zuweisung an die Jungfrau Maria nicht auslöschen ließ.

An einem schönen Maimorgen geht der Dichter Guillaume de Lorris spazieren. Er entdeckt eine hohe Mauer, die einen großen Garten umschließt. Ein junges Mädchen öffnet ihm ein kleines Pförtchen,

Sie trug einen schönen goldbestickten Hut;	*D'orfrois ot un chapel mignot;*
niemals gab es ein schöneres	*Onques nule pucele n'ot*
und außergewöhnlicheres Mädchen:	*Plus cointe ne plus desguisié:*
doch damit hätte ich sie noch nicht richtig beschrieben.	*Ne l'avroie droit devisié.*
Einen Kranz von frischen Rosen	*Un chapel de roses tot frois*
hatte sie auf dem goldbestickten Hut …	*Ot desus le chapel d'orfrois.*
	(Vers 551 ff.)

Die junge Dame heißt Müßigkeit (Oiseuse), sie erklärt dem Dichter, daß der Garten ihrem Freund Sinneslust (Déduit) gehört, der hier gerade ein höfisches Fest feiert. Der entzückte Dichter begegnet Gott Amor, dessen Gewand ihn bezaubert,

Keine Blume blüht im Sommer,	*Nule flor en esté ne naist*
die dort gefehlt hätte, nicht der Ginster,	*Qui n'i fust, nes flor de genest,*
nicht das Veilchen, noch das Immergrün	*Ne violete ne parvenche,*
oder gelbe, blaue und weiße Blüten.	*Ne flor jaune n'inde ne blanche.*
Stellenweise waren große und breite	*S'i ot par leus entremelles*
Rosenblätter unter sie gemischt.	*Fueilles de roses granz e lees.*
Auf dem Kopf trug er einen Kranz von Rosen …	*Il ot ou chief un chapelet De roses …*
	(Vers 889 ff.)

Der junge Dichter wandert durch den Garten, dessen regelmäßige Abgrenzungen ein genaues Viereck bilden, es ist ein irdisches Paradies, er findet eine Quelle unter einer Tanne (Une fontaine soz un pin) und schaut ins Wasser wie in einen Spiegel, was er lieber unterlassen hätte,

denn jetzt fiel ich in die Schlinge,	*Car maintenant ou laz chaï*
die manchen Mann gefangen und verraten hat.	*Qui maint ome a pris e traï.*
In dem Spiegel sah ich unter tausend Dingen	*Ou miroer, entre mil choses,*
mit Rosen beladene Rosensträucher …	*Choisi rosiers chargiez de roses*
	(Vers 1613 ff.)

Er bewundert die vielen Rosen und denkt daran, wie schnell sie verblühen, daß aber die Knospen sich zwei oder drei Tage lang ganz frisch erhalten. Diese Knospen gefallen ihm so sehr,

Wer eine davon erlangen könnte,	*Qui en porroit un acrochier,*
der müßte sie sehr lieb haben;	*Il le devroit avoir mout chier;*
Wenn ich einen Kranz davon erlangen könnte,	*Se chapel en peüsse avoir,*
ich würde kein anderes Gut so sehr lieben.	*Je n'amasse tant nul avoir.*
	(Vers 1651 ff.)

Wir erkennen unschwer die Wendung, die die Geschichte nimmt. Was wie eine bukolische Idylle beginnt, wird zur Liebesgeschichte zwischen dem Dichter und der Rose, die im Zusammenhang dieser ganz als Allegorie begriffenen Erzählung zum Symbol der Geliebten wird. Für den Zuhörer der damaligen Zeit war die Allegorie die ganz selbstverständliche Weise der Darstellung und Ausdeutung von Charaktereigenschaften und Seelenzuständen über die individuelle Ebene hinaus ins Allgemeingültige. Die Geliebte wird im Bild der Rose zum Typus der höfischen Frau, das heißt, ihre Darstellung ist als verbindliches Idealbild gemeint.

Die vorstehenden (und die dazugehörenden noch folgenden) Zitate sind aus dem berühmtesten Versroman des Mittelalters, dem altfranzösischen *Roman de la Rose*, der zwei Verfasser hat. Guillaume de Lorris (1205–1240) schrieb die ersten viertausend Verse ungefähr von 1230 bis 1240. Lange nach seinem Tod führte Jean de Meun (1250–1305) die Arbeit zu Ende, bis Vers 21780, vermutlich in den Jahren 1275 bis 1280. Es ist ein Buch zur richtigen Lebensführung, wir würden es heute Lebenshilfeliteratur nennen, in dem die Formen der aristokratischen Liebe dargestellt werden. Es ist, in dem Teil, den Jean de Meun schrieb, die umfassende Darstellung der geltenden Anschauungen und Lehren der Zeit und ihre Kritik, es ist gewissermaßen eine Enzyklopädie *avant la lettre,* und es ist die Rückschau in die Überlieferung der Antike. Vom 14. Jahrhundert bis in die Mitte des 16. Jahrhunderts war der Rosenroman das meistgelesene Werk der französischen Literatur.

Der junge Dichter erblickt im Wasserspiegel die schönste Rose, die sich denken läßt, und verliebt sich in sie, von Amors Pfeilen getroffen. Er muß lange Belehrungen über sich ergehen lassen, die ritterliche Lebensart betreffend, endlich erlaubt Venus einen Kuß zum Geschenk:

Einen süßen und lieblichen Kuß	*Un baisier douz et savoré*
empfing ich sogleich von der Rose.	*Ai pris de la rose erraument.*
Ob ich mich freute, braucht niemand zu fragen,	*Se j'oi joie nus demant,*
denn ein Duft strömte in meinen Körper,	*Car une odor m'entra ou cors*
der den Schmerz vertrieb	*Qui en geta la dolor hors*
und die Qualen der Liebe milderte,	*E adouci les maus d'amer*
die sonst immer bitter für mich waren.	*Qui me soloient estre amer.*
Niemals war ich so glücklich.	*Onques mais ne fui si aaise.*
Gut geheilt ist, wer eine solche Rose küßt,	*Mout est gueriz qui tel flor baise,*
die so angenehm und wohlriechend ist.	*Qui est si sade e bien olanz.*
	(Vers 3478 ff.)

Die Exegeten des 16. Jahrhunderts erklärten den Lesern des Rosenromans, der allein in den Jahren von 1526 bis 1538 in sieben verschiedenen Editionen erschien, so erstaunlich uns das erscheinen mag, die Analogien zwischen dem Rosenroman und der Bibel. Jean Molinet, der 1500 eine Prosafassung des Romans und damit eine Übersetzung aus dem Altfranzösischen in die Sprache seiner Gegenwart anfertigte, lieferte eine religiös-moralische Texterklärung nach der Tradition der mittelalterlichen Bibelexegese, der folgend er auch «im Rosenroman den ‹sens littéral› von dem ‹sens moral› oder ‹sens mystique› unterscheidet». Karl August Ott meint dazu in der Einleitung zu seiner Übersetzung des Rosenromans (Fink Verlag München, 1976): «Und wie für das ganze Mittelalter beim Studium der Heiligen Schrift das Erfassen ihrer mystischen Bedeutung das Wesentliche war, so ist auch für Molinet der buchstäbliche Sinn des Rosenromans nur das äußerliche Zeichen eines verborgenen mystischen Sinns. Am deutlichsten kommt seine Geringschätzung des ‹sens littéral› in dem beachtenswerten Gedanken zum Ausdruck: Da der Rosenroman seinem wörtlichen Sinn nach eine Liebeslehre sei, könne er insofern nur von sehr fragwürdigem Nutzen sein, denn auf diesem Gebiet sei die Natur eine weit bessere Lehrmeisterin.»

Wir entnehmen daraus nicht nur, daß der Rosenroman seinen allegorischen Sinn nicht dem platten materiellen Verständnis nach dem *sens littéral* öffnet, wir lernen für unseren Zusammenhang auch, daß die Rose für die Mystiker zu einem Sinnbild wurde, das nicht wörtlich-materiell zu verstehen ist (die Rose *ist* weder noch ist sie *wie*), sondern kontemplativ, das heißt, es geht nicht um die Rose als Rose, die Rose ist nur, um es etwas salopp zu sagen, Durchsteigehilfe. Durch die Betrachtung des Wesens der Rose öffnet sich jener geistige Bereich, der materiell nicht faßbar ist, in den sich aber vertiefen muß, wer den Rätseln des Lebens und der menschlichen Natur auf die Spur kommen möchte.

Dieser Bereich ist zweifellos der sublimste. Daneben hat die Rose einen konkreten Kanon von Aufgaben zu erfüllen, in dem sie zum reinen Zeichen, zur Chiffre wird. Sie steht für Mildtätigkeit, Heiligkeit und Frieden; für Reinheit und Keuschheit und, in der logischen Umkehrung davon, für Erotik, Sinnlichkeit und Lockung. Und wie überall die Liebe mit dem Tod verschwistert ist, so ist auch in den Rosenbildern Vergänglichkeit und Sterben – wie in dem 1857 entstandenen Gedicht *Sommerbild* von Friedrich Hebbel:

Ich sah des Sommers letzte Rose stehn,
Sie war, als ob sie bluten könne, rot;
Da sprach ich schauernd im Vorübergehn:
So weit im Leben ist zu nah am Tod!

Es regte sich kein Hauch am heißen Tag,
Nur leise strich ein weißer Schmetterling;
Doch ob auch kaum die Luft sein Flügelschlag
Bewegte, sie empfand es und verging.

Das schnelle Welken der Blume erinnert an die Kürze des Lebens, der Gedanke an die Kürze des Lebens führt zu Niedergeschlagenheit und Trauer wie in diesem Sonett:

Was wundert ihr euch noch, ihr Rose der Jungfrauen,
Daß dieses Spiel der Zeit, die Ros in eurer Hand,
Die alle Rosen trotzt, so unversehns verschwand?
Eugenie! so gehts, so schwindet, was wir schauen.

Sobald des Todes Sens wird diesen Leib abhauen,
Schaut man den Hals, die Stirn, die Augen, dieses Pfand
Der Liebe, diese Brust in nicht zu reinstem Sand,
Und dem, der euch mit Lieb itzt ehrt, wird für euch grauen.

Der Seufzer ist umsonst, nichts ist, das auf der Welt,
Wie schön es immer sei, Bestand und Farbe hält.
Wir sind vom Mutterleib zum Untergang erkoren.

Mag auch an Schönheit was der Rosen gleiche sein,
Doch ehe sie recht blüht, verwelkt und fallt sie ein;
Nicht anders gehn wir fort, sobald wir sind geboren.

An Eugenien heißt es, es ist von Andreas Gryphius (1616–1664), einem Vertreter des protestantischen Hochbarock. Alles ist polarisiert, bis in die schärfste Gegensätzlichkeit getrieben, und so kann es nicht erstaunen, daß die gleiche Argumentation zum genauen Gegenteil führen kann: Das Leben ist kurz, wenn du es jetzt nicht genießt, wirst du es nie genießen, überlege nicht zu viel. Nur die Schönheit des Leibes sichert höchsten Genuß der Liebe. Es ist die Argumentation der Verführung, das Niederreden der Abwehr erotischer Attacken. Die meisten Lyriker, notabene, waren Männer. Und es ist ihre immer gleiche Drohung: wenn du zu lange wartest, dann geht es dir wie der Rose, du verblühst und niemand will dich mehr. Ein wunderschönes Beispiel dafür finden wir bei Pierre de Ronsard (1524–1585), der beherrschenden und vielseitigsten Dichterpersönlichkeit der französischen Renaissance. *A sa Maîtresse* von 1553 ist seine berühmteste Odelette, angeregt von einem Rosengedicht des römischen Dichters Decimus Magnus Ausonius (310–393), sie gilt als meisterhafte Verschmelzung lateinischer und französischer Poesie:

Mignonne, allons voir si la rose
Qui ce matin avait déclose
Sa robe de pourpre au soleil,
A point perdu cette vesprée
Les plis de sa robe pourprée,
Et son tein au votre pareil.

Las! voyez comme en peu d'espace,
Mignonne, elle a dessus la place,
Las! las! des beautés laissé choir!
O vraiment marâtre Nature,
Puis qu'une telle fleur ne dure
Que du matin jusques au soir!

Donc, si vous me croyez, mignonne,
Tandis que votre âge fleuronne
En sa plus verte nouveauté,
Cueillez, cueillez votre jeunesse:
Comme à cette fleur, la vieillesse
Fera ternir votre beauté.

Cueillez, cueillez votre jeunesse, das ist schon fast wörtlich der Schlagertext (Pflücke die Jugend) des 20. Jahrhunderts. Das Ronsard-Gedicht wurde ungefähr hundert Jahre später vom Stuttgarter Georg Rudolf Weckherlin (1584–1653), dem geistvollen Bahnbrecher eines neuen höfisch-humanistischen Lebensgefühls, ins Deutsche übertragen. Er gab ihm den Titel *Schönheit nicht wahrhaftig,* das heißt, der Schönheit ist nicht zu trauen:

Was ist es dann, daß ihr fliehet,
Indem euer Alter blühet,
Von meiner Lieb Süßigkeit?
Genüßet nun eurer Jahren
Die Zeit wird eure Schönheit
Nicht mehr dann diese Blum sparen.

Laßt uns in den Garten gehen,
Schönes Lieb, damit wir sehen,
Ob der Blumen Ehr, die Ros,
So euch eure Farb gezeiget,
Da sie heut der Tau aufschloß,
Ihre Pracht noch nicht abneiget.

Sieh doch, von wie wenig Stunden
Ihr frischer Schmuck überwunden,
Wie zu Grund liegt all ihr Ruhm!
Natur, wie sollt man dich ehren,
Da du doch ein solche Blum
Kaum einen Tag lassest währen?

Die Natur als warnendes Schaubild, als Lehrstück, als Beispiel, eile, es ist nicht viel Zeit,

Der Wangen Zier verbleichet,
Das Haar wird greis,
Der Äuglein Feuer weichet,
Die Flamm wird Eis,

dichtete der Schlesier Martin Opitz (1597–1639) unter dem Titel *Ach Liebste,
laß uns eilen,* und schließt – das ist eine stereotype barocke Figur – die direkte Aufforderung daran:

*Drum laß uns jetzt genießen
Der Jugend Frucht,
Eh dann wir folgen müssen
Der Jahre Flucht.
Wo du dich selber liebest,
So liebe mich.*

Die Rose ist eben doch nicht immer, wie die amerikanische Schriftstellerin Gertrude Stein
eines Tages in Paris etwas gewaltsam dekretierte, eine Rose eine Rose – «A Rose is a Rose is a Rose»,
heißt der mittlerweile sprichwörtliche Befund, der immer dann zitiert wird, wenn man
klarmachen möchte, daß etwas nun einmal so ist und nicht anders, und daß es da nichts mehr
zu diskutieren gibt. Auch wenn wir alles Verständnis dafür haben, daß Gertrude Stein das Problem
endlich und ein für allemal aus der Welt schaffen wollte, sie hat es nicht geschafft. Die Rose
ist vielerlei und, wie wir zunächst glauben müssen, das denkbar widersprüchlichste. Sie ist Bild oder
Symbol, sie ist magischer Schlüssel, sie dient im Gleichnis. Wenn eine Geliebte wie eine Rose ist,
ist das Wort wie ein Kürzel in einem Stenogramm, das unser Gehirn sofort in Langschrift
zurückverwandelt. Wir wissen, daß Vollkommenheit und Schönheit gemeint sind. Die Rose ist für
uns, die wir in diesem Zeichensystem aufgewachsen sind, immer beides, sie ist Zeichen für die
himmlische oder Gottesliebe und erotisches Signal, sie zeigt Sehnsucht an oder, im besten Wortsinn
«verblümt», sexuelle Begierde. Prostituierte mußten im kaiserlichen Rom Rosenblüten als
Kennzeichen ihrer Profession tragen. Da war die Rose gar behördlich dekretiertes sexuelles Signal,
ein die Freuden der Venus verheißendes Emblem. Jeder kennt die sorgsam zu beachtenden
Rituale beim Verschenken von Rosen, die Bedeutung, die den Farben, wie ja den Blumenfarben
überhaupt (Rot und Weiß insbesondere) beigemessen wird.

 Der griechische Mythos geht tiefer, er setzt nicht nur Rosen gleich Blut, er erzählt von
der engen Beziehung zwischen der Erde und dem Menschen und von der immer neuen Auferstehung
der Natur. Und nicht nur der griechische, er teilt dieses Grundverständnis mit vielen anderen Kulturen. Der schottische Anthropologe James George Frazer (1854–1941) zeigte in seinem berühmten
ethnologisch-soziologisch-religionsgeschichtlichen Werk *The Golden Bough* (Der goldene Zweig,
1890 ff.), daß selbst deutlich geschiedene ethnische Gruppen magisch-religiöse Vorstellungen
gemeinsam haben, daß es da überraschende Parallelen und entwicklungsgeschichtliche Beziehungen
gibt. Das will auch sagen, daß der griechische Mythos seine Quellen in älteren Kulturen hat. Die
Vorfahren des Adonis, von dem wir gleich hören, hießen Tammuz oder Osiris, es waren die sterbenden und wiederkehrenden Götter der Babylonier, der Syrer und Ägypter. Der Kern der Geschichte
ist derselbe, ihr Gewand verwandelt sich:

Adonis verläßt seine Geliebte Aphrodite, die mit dem hinkenden, alten Vulkanus verheiratet ist, und geht auf die Jagd. Ein Eber verletzt ihn so, daß er stirbt. Sein Blut verströmt im Boden, da wachsen Rosen hervor. Und jedes Jahr, wenn die Rosen wieder blühen, klagen die jungen Mädchen um Adonis, den Aphrodite verlor, klagen um den Geliebten, der ihnen nur gehört, um verlorenzugehen und wiederzukehren. Der Mythos erzählt von körperlicher und seelischer Liebe, von Sehnsucht und Entzug, von der Kraft der wiederauferstehenden Natur, von der Einheit von Sinn und Stoff.

Der Zürcher Psychoanalytiker Carl Gustav Jung (1875–1961) glaubte, daß das Sterben des alten und die Geburt des neuen Ich das universale Motiv aller Mythen und Religionen der Welt überhaupt ist. Da aber die fundamentalen Einsichten oder Erkenntnisse die gleichen sind, können auch die Symbole dafür die gleichen sein – die Rose wird zum wichtigsten. Jung suchte den Grund dafür in der vollkommenen Rundform der Rose, die an die Sonne, an die Ganzheit und an die Vollkommenheit erinnert.

Was hier mit Bedeutung beladen ist, ist dann später manchmal nur noch kulturhistorischer Reflex. Shakespeare (1564–1616) kannte die Adonis-Geschichte von Ovid (43 v.Chr.–18 n.Chr.). Aber schon Ovid weiß nichts mehr von den unbändigen Kräften des Mythos, der seine geheimnisvolle Wirklichkeit verlor. Die Archaik wird säkularisiert. Shakespeare machte aus der Ovid-Erzählung seine eigene (1592), ein erotisches Kleinepos, eine Verserzählung in «unpolisht lines», wie er in der Zueignung sagte (in ungeglätteten Versen). *Venus und Adonis* ist das Werben einer schönen Frau um einen erotisch nicht sehr interessierten Jüngling, der lieber auf die Jagd geht, es ist die Geschichte eines schmerzhaften, herzzerreißenden Abschieds. Shakespeare preist die *rosenwangige* Schönheit des Jünglings, über den Venus (Aphrodite) nur triumphierte, um ihn um so sicherer zu verlieren:

So den Besiegenden hab' ich besiegt;
An Rosenketten hielt ich ihn gefangen.
Er, dessen Stärke starker Stahl sich biegt,
Ließ meiner Schönheit dienen sein Verlangen.

Die erotische Dimension ist deutlich. Und wenn Adonis stirbt, blühen, so wenig wie bei Ovid, auch bei Shakespeare keine Rosen:

Und aus dem Blute, das umherstand, schoß
Auf eine Purpurblume, weiß gefleckt.
Ganz seinen Wangen glich sie und dem Blute,
Das rund in Tropfen auf den weißen ruhte.
(Übersetzt von Gottlob Regis)

And in his blood, that on the ground lay spill'd,
A purple flower sprung up, chequer'd with white,
Resembling well his pale cheeks and the blood
Which in round drops upon their whiteness stood.

Es ist die purpurrot und weiß gesprenkelte Anemone. Shakespeares Adonis-Geschichte ist elegant, sie entwickelt Gefühl, aber die mythische Dimension fehlt. Coleridge fand später in *Venus and Adonis* von Shakespeare «deutliche Anzeichen künftiger Kraft, aber auch offenkundige Beweise der Unreife». Shakespeare war 28 Jahre alt, als er *Venus und Adonis* schrieb. Ovid suchte lange vor ihm das sprechende Bild für leichenblasse Haut und rotes Blut, die weißrote Purpurblume, Shakespeare folgte ihm. Wo der Mythos streng und allumfassend ist, ist Shakespeare lyrisch und elegant. Wir sehen, wie die Grenzen der Bedeutungsfelder sich auflösen. Die griechische Adonis-Sage hat universale Symbolkraft, das versickernde Blut des sterbenden Jägers befruchtet die Erde, die jährlich neu blühenden Rosen sind das Zeichen der wirkenden Kraft des Blutes, von Tod und Wiederauferstehung in der Natur.

Friedrich von Spee (1591–1635), von dem es zauberhafte mystische Schäferlieder gibt, geht es um christliche Inhalte. Er ist ein Vertreter des volkstümlich-katholischen Hochbarock. In *Eine Ecloga oder Hirtengesang* erzählt er «Von Christo dem Herrn im Garten, under der Person des Hirten Daphnis, welchen der himmlische Sternenhirt, das ist der Mon, allweil er seine Sterne hütet, kläglich betrauret». In unserem Deutsch heißt das, der Mond sieht Christus am Kreuz und trauert um ihn:

Weidet, meine Schäflein weidet,
Niemand hats gezählet gar,   *Nur der Boden wohl genetzet,*
Niemand hat es ausgekreidet,   *Für den weiß- und roten Schweiß,*
Ob auch Zahl der Tropfen war.   *Ihm zu Dank herausersetzet*
                                      Rosen rot und Lilgen weiß.

Der Dank der Erde für Blut und Schweiß Christi sind Rosen und Lilien, Zeichen für das unzerreißbare Band zwischen Ewigkeit und Endlichkeit. Der Unterschied zum mythischen Verständnis der Natur ist gut zu erkennen. Dort *sind* Rosen Blut, Erde, Leben, Geheimnis. Hier *sind* Rosen und Lilien der Dank der Erde für das vergossene Blut Christi. Anders bei Angelus Silesius, dessen Epigramme der Kontemplation, der Versenkung, der Ermunterung, der Kräftigung des Glaubens dienen:

Christ, so du unverwelkt in Leiden, Kreuz und Pein
Wie eine Rose blühst, wie selig wirst du sein.

Oder die Rose ist die Trägerin eines Geheimnisses, das sich bei geduldiger Betrachtung dem inneren Auge enthüllt:

Die Rose, welche hier dein äußres Auge sieht,
Die hat von Ewigkeit in Gott also geblüht.

Die Rose als Dienerin in einem Vergleich. Dem, der sie intensiv betrachtet, öffnet sie den Weg zu Gott. Ebenso dient die Schönheit der Rose der Erbauung, und schließlich ist sie gar moralische Instanz. Der Breslauer Johann Scheffler (1624–1677), der sich Angelus Silesius (der schlesische Engel) nannte, war ein großer Liederdichter und Epigrammatiker. In seiner Spruch- und Sinngedichtsammlung *Der Cherubinische Wandersmann* konnten sich – und können sich bis heute – Menschen Halt und Tröstung suchen, die an Sinn und Ziel des Lebens zweifeln. Der wohl berühmteste Zweizeiler des Angelus Silesius zeigt am Beispiel der Rose, daß wahre christliche Tugend richtig handelt, wenn sie nicht nach dem Lohn fragt, wenn es ihr nicht auf Beifall ankommt, wenn sie blühet weil sie blühet, das heißt, wenn sie in christlicher Bescheidenheit ihrer Bestimmung folgt, ohne zu hadern, sich zu grämen, zu vernünfteln:

Die Ros ist ohn warum; sie blühet weil sie blühet,
Sie acht nicht ihrer selbst, fragt nicht, ob man sie siehet.

Von der Sinnlichkeit der erlebbaren Welt sind wir weit entfernt. Suchen wir die, müssen wir es halten wie der wackere Herr Reinhart in Gottfried Kellers *Sinngedicht* (1881).
Herr Reinhart hat eines Morgens genug von seiner Studierstubeneinsamkeit, bei der er sich die Augen verdirbt. In Ermangelung eines rechten Rezeptes kramt der Naturwissenschaftler in einem Schrank in der Bodenkammer, da kommt ihm ein Band der Lachmannschen Lessingausgabe in die Hände «und zwar der, in welchem die Sinngedichte des Friedrich von Logau stehen», und wie Reinhart aufschlug, fiel ihm dieser Spruch in die Augen:

Wie willst du weiße Lilien zu roten Rosen machen?
Küß eine weiße Galatee: sie wird erötend lachen.

Der fröhliche Zweizeiler kann nur das ungeübte Auge betrügen. Der erotische Hintersinn liegt in der Bedeutung der Blumen, die weiße Lilie steht für Keuschheit (deshalb grüßt der Verkündigungsengel Maria auf vielen Bildern mit einer weißen Lilie), die rote Rose steht für sinnliche Glut, das errötende Lachen der weißen Galatee für das Erwachen der Sinnlichkeit – mit der Unschuld der weißen Galatee ist es vorbei. Herr Reinhart hat freilich mit seinem Logau-Spruch, den er ja als Handlungsanleitung oder als experimentelle Vorgabe nützen will, zunächst, wie wir wissen, überhaupt kein Glück. Eine der Damen lacht beim Kuß, ohne zu erröten, eine andere errötet ohne zu lachen, bei einer dritten kommt es gar nicht zum Kuß, und bei der vierten dauert es dann seine gute Zeit und läuft am Ende auf etwas ganz anderes hinaus, auf das Erkennen des ganzen Menschen nämlich.
Daß die Rose bei so viel Ambivalenz der Bedeutung auch dann Symbol jungfräulicher Reinheit sein kann, wenn es nicht um die Muttergottes geht, kann uns nun schon gar nicht mehr überraschen. Es gibt eine jüdische Geschichte von einem Mädchen aus Bethlehem, eine

Geschichte, die von einer Unschuldsprobe erzählt, die aber auch gleich noch zu einer Schöpfungs-
geschichte der Rose wird:

Ein junges Mädchen aus Bethlehem, das angeklagt war, die Gesetze der Keuschheit übertreten
zu haben, wurde zum Tode durch Verbrennen verurteilt. Schon war der Scheiterhaufen errichtet,
als sie den Herrn anrief und um Hilfe flehte. Wenn sie ohne Fehl sei, solle er ihr zu Hilfe kommen
und ihre Unschuld vor aller Augen beweisen. Dann trat sie ins Feuer. Aber sogleich erloschen
die Flammen, und die Holzstöße, die brannten, verwandelten sich in Rosensträuche voller blühender
roter Rosen, und die, die noch nicht gebrannt hatten, bedeckten sich mit weißen Rosen. «Und das»,
setzte der Erzähler gläubig hinzu, «waren die ersten Rosenstöcke und die ersten Rosen, die man je
gesehen hat.»

Bei Pierre de Ronsard, der seit 1558 Hofdichter – sein *Mignonne*-Gedicht kennen wir
schon – und einer der Mitbegründer des berühmten französischen Dichterbundes La Pléiade (Sieben-
gestirn) war, erfahren wir, wie selbstverständlich die Rose nicht nur Symbol der Liebe, sondern
auch Symbol des Sterbens ist. Zum Beispiel in einem Sonett aus dem Zyklus *Auf den Tod
der Marie* (1578):

Wie uns im Monat Mai vom Zweig die Rose winkt	*Comme en voit sur la branche au mois de mai la rose*
Und ihrer Jugend Reiz an unser Aug verschwendet;	*En sa belle jeunesse, en sa première fleur,*
Wie sie mit frischem Glanz den Himmel selber blendet,	*Rendre le ciel jaloux de sa vive couleur,*
Wenn sie im Morgenlicht Aurorens Tränen trinkt:	*Quand l'Aube de ses pleurs au point du jour l'arrose:*
Die Liebe wohnt in ihrem Schoß, die Anmut schwingt	*La grâce dans sa feuille, et l'amour se repose,*
Um ihren Kelch, der balsamsüße Düfte spendet;	*Embaumant les jardins et les arbres d'odeur,*
Doch wenn die Sonne glüht, die Wolke Güsse sendet,	*Mais battue ou de pluie, ou d'excessive ardeur,*
Stirbt sie ermattend hin, und Blatt um Blatt entsinkt.	*Languissante elle meurt, feuille à feuille déclose.*
So hat den holden Lenz, der alles rings entzückte,	*Ainsi en ta première et jeune nouveauté,*
Als Erd und Himmel sich vor deinen Reizen bückte,	*Quand la Terre et le Ciel honoraient ta beauté,*
Die Parze dir geknickt, und Asche ruhst du hier.	*La Parque t'a tuée, et cendre tu reposes.*
Empfange meinen Zoll; mit tränenreicher Klage	*Pour obsèques reçois mes larmes et mes pleurs,*
Weih ich den Krug voll Milch, den Korb voll Blüten dir,	*Ce vase plein de lait, ce panier plein de fleurs,*
Daß noch im Tod dein Leib des Lebens Rosen trage.	*Afin que vif et mort ton corps ne soit que roses.*
(Übersetzt von Friedhelm Kemp)	

Die Rose kann aber auch Hüterin der Unschuld sein, und dann ist sie lebensgefährlich,
ja tödlich. Das Märchen vom Dornröschen erzählt davon (Ausschnitt):

«Er wußte auch von seinem Großvater, daß schon viele Königssöhne gekommen wären
und versucht hätten, durch die Dornenhecke zu dringen, aber sie wären darin hängengeblieben
und eines traurigen Todes gestorben. Da sprach der Jüngling: ‹Ich fürchte mich nicht,
ich will hinaus und das schöne Dornröschen sehen.› Der gute Alte mochte ihm abraten wie er wollte,
er hörte nicht auf seine Worte. Nun waren aber gerade die hundert Jahre verflossen, und der
Tag war gekommen, wo Dornröschen wieder erwachen sollte. Als der Königssohn sich
der Dornenhecke näherte, waren es lauter schöne große Blumen, die taten sich von selber auseinander
und ließen ihn unbeschädigt hindurch, und hinter ihm taten sie sich wieder als eine Hecke
zusammen.» (Jacob und Wilhelm Grimm, Kinder- und Hausmärchen)

«Il n'y a pas de roses sans épines», «Keine Rose ohne Dornen», sagt der Volksmund, auch wenn das genau genommen nicht ganz stimmt, es gibt Rosen ohne Dornen, ganz genau genommen hat ohnehin keine Rose Dornen, Rosen haben Stacheln, aber das nur nebenbei, es geht ja hier nicht um Botanik. Als Rose ohne Dornen, wiederum nicht im botanischen Sinne, dachten sich die Menschen des Mittelalters die Gottesmutter!

Wie unterschiedlich und stark die Rose sogar für einen Dichter unseres Jahrhunderts symbolisch besetzt ist, zeigt die Bedeutungsvielfalt, die der spanische Dichter Federico Garcia Lorca, der 1936 von den Falangisten ermordet wurde, der Rose beimißt. Lorca war ein Dichter, dessen Liebe zu Blumen in allen seinen Texten erkennbar ist. Vier Beispiele, in denen die Rose das Bild ist für Klage, für Tod, für Sexualität, für Reinheit:

Klage
Drinnen liegt ein totes Mädchen
Mit einer hochroten Rose, verborgen im Haar.
(aus: Barrio de Cordoba)

Todesbilder
Denn die Rosen suchen auf der Stirn
eine harte Landschaft von Knochen.
(aus: Gacela de la huida)

Sexualität
Dichtes volles Licht ...
enthüllt von Rosen und von Dahlien
ein vergehendes, flüchtiges
Korallenrot ...
Thamar, in deinen hohen Brüsten
sind zwei Fische, die mich rufen,
und in den Knospen deiner Finger
raunt es von gefangener Rose.
(aus: Thamar y Amnon)

Reinheit
Reine Rose, die reinigt von
Künstlichkeiten und flüchtig Entworfenem ...
Rose des Gleichgewichts ohne selbstgesuchten Schmerz.
(aus: Ode an Salvador Dalí)

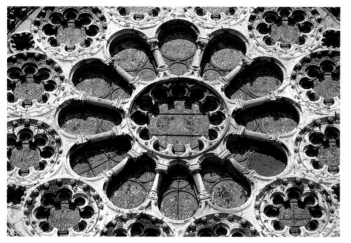
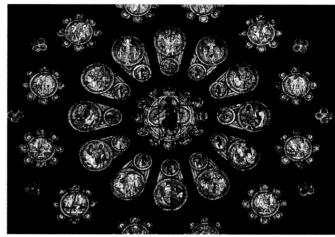

Wie alle Symbolik ist auch die
der Fensterrosen gotischer
Kathedralen (hier in Chartres)
nichts als eine Frage der
Auslegung, der Interpretation.
Die Rose ist das Symbol der
Muttergottes, Rosen blühen auf
allen ihren Wegen. Der heilige
Bernhard sah Maria als
weiße Rose in ihrer Jungfräulich-
keit, als rosenfarbene Rose in
ihrer Mildtätigkeit, weiß in der
Tugend, rosenfarben in der
Überwindung der Sünde. Nicht
die Fensterrose der Kathedralen
war das bedeutende Ereignis,
sondern die Kunst, ihre Formen
und Farben einfallsreich
und phantasievoll auszudeuten
und zu lesen.

Bischofsstadt Paderborn,
Strauchrose, Kordes 1964. Blüte
leuchtend Zinnoberscharlachrot.
Reicher Flor. Ideal für
lebende Hecken. (Linke Seite)

Schmuck und Symbol: Archivolten im Westportal
des Basler Münsters. Was wir fast vergessen haben, war im Mittelalter
selbstverständlich. Nichts ist zufällig, nichts ohne Bedeutung.
Im plastischen Schmuck mittelalterlicher Bauwerke, uns oft ein Buch mit
sieben Siegeln, spiegelten sich für die Eingeweihten Weltplan und
Heilsplan gleichermaßen.

Schwanensee, Kletterrose, Samuel McGray 1968.
Blüte leuchtend rein weiß, mit rosa Hauch, leicht duftend, öfterblühend.
Kräftiger, straff aufrechter Wuchs. (Rechte Seite)

Oben rechts halten die Wappen-
halter das Wappen der Stadt
Rapperswil. Es zeigt zwei Rosen
an langen Stielen. Mitten im
Schlachtgetümmel des Bildes auf
der rechten Seite, das der
Belagerung der Stadt durch die
Zürcher im Jahre 1656
gewidmet ist, liegt ein Wappen-
schild mit drei Rosen. Hat
Rapperswil, die Rosenstadt, mal
zwei, mal drei Rosen im
Wappen? Sicherlich nicht, alle
Stadtwappen und Stadtsiegel
tragen zwei Rosen, das älteste,
kleine Stadtsiegel, seit 1288 in
Gebrauch, so gut wie das große
Stadtsiegel von 1361. Es ist
übrigens eines der schönsten
Stadtsiegel der Schweiz.
Das Wappen im rechten Bild
gehört den Grafen von
Rapperswil. Sie schmückten

ihre Siegel und Wappen mit drei
Rosen, so der Junker Werner
von Homberg-Rapperswil,
der 1320 starb. Im Rund seines
Siegels steht das gespaltene
Dreieckschild, rechts darin sähen
wir, wenn es hier abgebildet
wäre, zwei übereinanderstehende
Adler, links drei gestielte Rosen.

Die Blüten links oben
auf dieser Seite sind heraldischen
Überlegungen ganz abgeneigt.
Wir erkennen in ihnen
eine Rosa × aschersoniana, einen
Abkömmling der großblumigen,
lachsfarbenen Rosa blanda
aus Nordamerika und der Rosa
chinensis.

Labyrinthe waren immer ein besonderes Vergnügen der Engländer,
wir kennen diese grünen Heckenpflanzungen, in denen – wie in
Hampton Court – die Besucher lachend und manchmal auch
ein bißchen verängstigt herumstolpern. Im Altertum waren Labyrinthe
mythische Bilder für die Undurchdringlichkeit der Welt, in unserer
Zeit sind sie Früchte eines liebenswürdigen Spieltriebs. Das Labyrinth
in Kentwell Hall, Long Melford, in der Grafschaft Suffolk ist
überhaupt erst 1985 angelegt worden, und zwar zur Feier der fünf-
hundertsten Wiederkehr der Thronbesteigung der Familie Tudor. Es ist
aus 27 000 verschiedenfarbigen Ziegelsteinen gemacht. Das Schnitt-
bild ist die Wappenrose der Tudors. Im Zentrum doch immerhin ein
Nachdenkangebot: ein Schachbrett.

Dortmund, Kletterrose, Kordes 1955. Blüte groß, leuchtendrot mit
weißem Auge, duftend, öfterblühend. (Oben)

Die frommen Wünsche
beiseite, viele verstehen sie
noch, wenige haben sie.
Was wir genau wie unsere
Vorfahren immer verstanden
haben, ist die erotische
Dimension der Rose. Und
die Gartenkunst hat sie
immer benützt. Rosengrotten,
Rosenbögen, Rosenlauben
sind wundervolle Gehhilfen
der Phantasie, die scheue
Nymphe, die uns erschrocken
ihre ungewollte Entdeckung
vorspielt, alles Versatzstücke
des Rokoko. Diese scheue
Dame hier steht gewisser-
maßen auf streng wissen-
schaftlichem Boden, sie steht
im Garten der Rosenprüfstelle
Baden-Baden, dort also,
wo unter anderem auch Jahr
für Jahr die verführerischen
Qualitäten der Königin
der Blumen geprüft werden.
Die Kletterrose, die hier so
überaus reich auf dem Rosenbogen blüht, heißt Rambling
Rector. Eine sehr alte Sorte,
hervorragend als Baum- oder
Heckenkletterer. Blüte halbgefüllt, erst cremefarben,
dann weiß, mit gelben Staubgefäßen. Schöne Hagebutten.
Sie blüht im Rosen-
neuheitengarten in Beutig.

Die Tudorrose als Labyrinth – auf Seite 33 – ist gewissermaßen eine nagelneue
Fassung. Hier in Cambridge, über einer Eingangstür zu einem College, sehen wir
die Originalfassung. Einmal darauf aufmerksam geworden, entdecken wir
die streng stilisierte rote Blüte überall, in den Gewänden von Portalen, in Sopraporten,
in Fensterstürzen. Die Tudorrose wurde aus dem Haus Lancaster gewissermaßen
angeheiratet, wir kennen sie aus den Rosenkriegen, in denen die Familien York
– weiße Rose – und Lancaster – rote Rose – um den Thron kämpften. Edmund Tudor
stand auf der Seite des Hauses Lancaster. Edmunds Sohn Heinrich, Earl
of Richmond, heiratete Margarete Beaufort, die einem illegitimen Zweig des Hauses
Lancaster angehörte. Mit diesem «Rechtstitel» erstritt sich Heinrich 1485 den Thron,
der erste Tudor.

Es gibt Namenlose und Findelkinder, es gibt Vollwaisen, die ihre Familie verloren haben,
auch bei den Rosen. Von dieser hier wissen wir nur, daß sie Edwardian Lady heißt.
(Linke Seite)

Gulistan – der Rosengarten. Ein Exemplar mit Gedichten
von Saadi aus dem 17. Jahrhundert. Ein persischer Rosengarten also,
also eine Gedichtsammlung. Wenn Gedichte wie Blumen sind,
sind Gedichtsammlungen Blumengärten. Die Perser nannten ihre Gedicht-
sammlungen gern Rosengärten. Es ist wie eine Verwandlung von Materie,
von Erde in Duft, von Schwere in Leichtigkeit, der Hauch,
das Kostbare, das Zarte, das Verletzliche, das Blühende, das Schöne.

Rosa beggeriana, Buschrose, Mittelasien 1896. Kleine, weiße Blüten, lange
Blütezeit, graugrünes Blattwerk, kleine, runde, orangefarbene Hagebutten.
(Linke Seite)

Rechte Seite: «Herstellung von Teppichen», steht trocken und sachlich
im Lexikon, wenn man unter Täbris sucht: Hauptstadt von Aserbeidschan im Iran,
280 000 Einwohner, Basare, Karawansereien und seit 1946 eine Universität.
Die Teppiche aus einem Gemisch von Seide, Wolle und Baumwolle gehören zum
Kostbarsten, was diese Handwerkskunst hervorbringt. Wenn Rosen
auf die Wege der Menschen gestreut werden sollen, gehören Rosen auch auf die
weichsten Wege, die Menschen gehen können. Kaufen kann man solche Teppiche fast
nicht, aber wenn, dann kann man auch zu Essie gehen – specialising
in Fine & Decorative Oriental Carpets & Rugs. Natürlich in London, Piccadilly.

Im Rosengarten der englischen Königinmutter gefunden und einfach «mitgenommen»:
Fyvie Castle. (Oben)

Das kalifornische Pasadena versteht sich gern als die amerikanische
Rosenstadt, und sie tut auch etwas dafür. Sie leistet sich jedes Jahr den größten
amerikanischen Rosencorso. Und einen botanischen Garten gibt es auch
in Pasadena, und in diesem botanischen Garten gibt es ein paar freundliche
Majolika-Chinesen, die uns mit kräftigem Lächeln ein X für ein U,
eine Lotosblume für eine Rose vormachen wollen. Chinesen lieben nun einmal
Lotosblumen mehr als Rosen. Die Porzellanchinesen aber sind längst echte
Amerikaner.

Rosa Dechner heißt sie, halbgefüllt ist sie. (Linke Seite)

Jugendstil – hier in Wien –, das war die Hoffnung auf eine neue
und glückliche Ehe zwischen Schönheit und Brauchbarkeit. Die Natur war
die Lehrmeisterin, der Mensch ihr Lehrling. Schlank und leicht, elegant
und tänzerisch fließen Form und Ornament ineinander – und wieder ist
die Rose, kostbar stilisiert, die Königin unter den Blumen.

Tausendschön (Thousand Beauties), Kletterrose, J. C. Schmidt 1906.
Blüten rosa mit Weiß gegen die Mitte, groß, gefüllt, in lockeren Dolden.
Starkwachsend, dornlose Triebe, hellgrünes Laub. (Linke Seite)

Wir können den Erdball umwandern, Rosen gibt es überall
– auch nachgemachte. Aus Papier, aus Plastik, Spritzguß sozusagen,
kunstvolle Hände formen sie aus einer Papierserviette, diese
Chinesin macht Rosen aus Seide, schöne Rosen aus Seide. Gesehen
in Jinan, etwas über dreihundert Kilometer südlich von Peking.
Aber es muß nicht dort, es kann ebensogut anderswo sein. Und rechts
sehen wir, was vom Triumph des Kommunismus bleibt,
der Triumph der Rose, die sich nicht in den Dienst nehmen läßt.
Das war in Shanghai, aber es muß nicht dort sein, es kann
ebensogut anderswo sein.

Verschlüsselte Botschaften: Laßt Blumen sprechen

Viele Menschen kennen die Sprache der Blumen, andere machen sich selber eine. Pedanten und Liebhaber haben schon früh dicke und kenntnisreiche Bücher geschrieben, in denen sie uns – wie zum Beispiel Charlotte de Latour – über *Le langage des fleurs* unterweisen. Daß diese Lehren aufmerksame Schüler fanden, beweist der Umstand, daß *Le langage des fleurs* in Frankreich fast ein Jahrhundert lang immer wieder gedruckt wurde und erst 1881 seine letzte Auflage erfuhr. Madame Latour war beileibe nicht die erste. 1688 erschien zum Beispiel *Le langage muet ou l'art de faire l'amour sans parler* von du Vignau, das Buch wurde 1718 zum letzten Mal gedruckt.

Im Orient ist die Blumensprache noch beliebter, weil sprechendere Blumennamen mehr Anspielungen erlauben. *Selam* heißt dort die Kunst, durch Blumen oder Sträuße Gedanken und Empfindungen verständlich mitzuteilen. Wer immer aber die Sprache der Blumen spricht, spricht sie in der Gewißheit, einen allgemein verständlichen Code zu benützen. Sonst wäre die Mühe umsonst. Die Blumensprache ist lyrisch, empfindsam, zärtlich, gefühlvoll, harmonisch, sie schafft sich ihren eigenen Bezugsrahmen, sie ist nicht streng oder rauh, Blumensprache ist die Sprache der Zuneigung, der Zärtlichkeit, der Liebe, sie verblümt die Wirklichkeit.

So wußte früher auch jeder, welche Bedeutungen Blumen in der Malerei hatten, wofür sie standen. Die dreiteiligen Blätter der Akelei zum Beispiel wurden mit der Heiligen Dreifaltigkeit in Verbindung gebracht, die Lilie war das Sinnbild königlicher Macht ebenso wie Symbol jungfräulicher Reinheit, die Pfingstrose war Symbol für die Wiederauferstehung. Die Nelke war die Gottesblume, die Gewürznelke – in der Form eines Nagels (schweizerdeutsch heißt sie «Nägeli») – steht für den Nagel in der Leidensgeschichte Christi. Über allem aber steht die Rose.

Am wundervollsten und reichsten und am erdenfernsten erblühte sie in der niederländischen Stillebenmalerei seit dem Ende des 16. Jahrhunderts. Die Bilder von Jan van Brueghel d. Ä., Jan van Huysum, Roelandt Savery, Daniel Seghers, Joannes Fyt, Jan Davidsz de Heem, Willem van Aelst machen deutlich, in welchem Maße sich die Rose längst von ihren natürlichen Voraussetzungen gelöst hatte und zum gefeierten, stilisierten und idealisierten Symbol verträumter Schönheit, reizvoller Anmut und Grazie, strahlender Herrlichkeit geworden war. Beim Betrachten dieser Bilder denkt niemand an zerkratzte Hände und schwarze Fingernägel, schwere Erde an den Stiefeln, an Pferdemist und Rosendünger.

Dasselbe gilt für die Rose in der Lyrik, in der Dichtung. Alle Bestrebungen, Wirklichkeit dingfest zu machen, hat sie souverän überstanden. Realismus und Naturalismus des 19. Jahrhunderts haben ihre königliche Würde ebenso wenig berührt wie die entweihenden Heftigkeiten des 20. Jahrhunderts. Sie ist immer «schön», sie ist immer unverrückbare Bezugsgröße.

Macht der Volksmund da eine Ausnahme? Der Volksmund ist in aller Regel genau und emotionslos, er ist nicht boshaft und auch nicht mitleidig, er sagt einfach das, was ist, so genau, wie es geht. Wenn er «durch die Blume» redet, bemüht er sich um Freundlichkeit, versucht er, der Härte weichere Kanten zu geben, nicht mit der Tür ins Haus zu fallen. Wenn er «Heute Blume, morgen Heu» sagt, dämpft er die Neigung, die Wirklichkeit zu vergessen. Er sagt «Gemalte Blumen duften nicht» und meint, daß Versprechungen nichts bedeuten, daß die Sache etwas ist und nicht das Bild von der Sache. Ganz ähnlich ist es, wenn er sagt «Die Blumen machen den Garten, nicht der Zaun». Es geht um den Unterschied zwischen Sein und Schein, Aufmachung und Gehalt, Verpackung und Inhalt. «Eine Blume macht keinen Kranz», das ist so, als sagte er «Eine Schwalbe macht noch keinen Sommer». Redensarten oder Sprichwörter, die Blume wird als Beweismittel eingesetzt.

Wie hält es der Volksmund mit den Rosen? Genau gleich. Er ist ganz ungerührt. Die Dichter seufzen und weinen mit Rosen, die Maler träumen sich in die Rosengärten, die Fotografen verbrauchen die raffinierteste Chemie, um den Farbhauch eines Blütenblattes, den unbegreiflich schönen Schmelz einer Knospe, das zarteste Gefieder eines Kelchs gewissermaßen ewig zu machen, und der Volksmund sagt völlig ungerührt «Il n'est si belle rose qui ne devienne gratte-cul». Aber er sagt «belle rose»!

«Aus Knospen werden Rosen» heißt, solange es Knospen gibt, ist Hoffnung. «Disteln wachsen schneller als Rosen», das ist eine Warnung vor zu viel Erwartung und die Einsicht, daß man nicht alles der schaffenden Natur überlassen kann. So geht es hin, einmal ist die Rose ein Bild für Angenehmes, Schönes, Liebliches, einmal für falsche Versprechen, Hinfälligkeit, Täuschung, Eitelkeit. Das sind die Redensarten:

Die Rosen verblühen, aber die Dornen bleiben	*Rosen blühen, Dornen stechen*
Die schönsten Rosen welken zuerst	*Verblühte Rosen bricht man nicht*
Die schönste Rose duftet nicht für sich	*Wenn die Rose sich schmückt, schmückt sie auch den Garten*
Die Zeit entblättert jede Rose	*Wer Rosen bricht, die Finger sticht*
Man kann nicht immer auf Rosen gehen	*Was kann die Rose dafür, wenn ein Hund daran pißt*
Unter Dornen wachsen Rosen	

Im Wörterbuch der Blumensprache hat die Rose die meisten Einträge. Die meisten dieser Einträge haben mit Liebe zu tun, die Rose ist die Blume der Venus. Wir kennen die Folgen. Ein Gast kann zum Tee nicht einfach rote Rosen mitbringen, ohne Peinlichkeit zu riskieren. Mit weißen Rosen ist es nicht viel besser. Mal ist Sinnlichkeit gemeint, mal – wie in «Sah ein Knab' ein Röslein steh'n» – Keuschheit, die sich zur Wehr setzt: «Röslein sprach, ich steche dich, daß du ewig denkst an mich, und ich wills nicht leiden». Mal ist es eine Liebeserklärung, mal eine Frechheit. Und so war es immer. Alle Sprachen haben ihre Entwicklungsgeschichte, nur die Rosensprache ist seit Jahrhunderten unverändert, weil sie immer alles auszudrücken vermochte, was sie ausdrücken sollte. Shakespeare Sonette erschienen 1609 in London – «Never before imprinted» –, fast vierhundert Jahre später verstehen wir mühelos, wovon der Dichter im Sonett Nr. 54 spricht:

O wieviel schöner Schönheit uns ersteht,
wenn innrer Wert dem Schmucke zugesellt!
Schön ist die Rose; ihren Glanz erhöht
jedoch der holde Duft, den sie enthält.
Die Heckenrose hat die gleiche Glut,
dieselben Dornen wie die echten Rosen,
und ihre Lust, die in der Knospe ruht,
erwecken Winde mit dem gleichen Kosen.
Doch all ihr Wert erschließt sich bloß im Schein,
bestimmt nur, unbegehrt am Strauch zu sterben.
Die echte wird uns sterbend noch erfreun
und duftend süßen Nachruhm sich erwerben.

Dir, schöner Freund, wenn Schönheit einst verdorrt,
lebt doch dein Wert in meinem Liede fort!
(Nachdichtung von Karl Kraus)

O how much more doth beauty beauteous seem,
By that sweet ornament which truth doth give!
The rose looks fair, but fairer we it deem
For that sweet odour, which doth in it live:
The canker blooms have full as deep a dye,
As the perfuméd tincture of the roses,
Hang on such thorns, and play wantonly,
When summer's breath their maskéd buds discloses:
But for their virtue only is their show,
They live unwooed, and unrespected fade,
Die to themselves. Sweet roses do not so,
Of their sweet deaths, are sweetest odours made:

And so of you, beauteous and lovely youth,
When that shall vade, by verse distills your truth.

Das ist die hohe Kunst, die Rose zum Vergleich herbeizuziehen, zur Metapher zu machen, zum sprechenden Bild. Théophile Gautiers (1811–1872) Gedicht *Le Spectre de la Rose* aus dem Zyklus *La Comédie de la mort* von 1838 zeigt das auf sehr schöne Weise, und wer will, kann George Bizet zuhören, der diese Verse vertonte (*Les Nuits d'été*, op.7; z.B. auf Deutsche Grammophon CD 427 665–2), und versuchen, in der Musik wiederzufinden, wie Gautier erzählt, «avec une progression régulière depuis le monde réel du bal au cour duquel, attachée au corsage d'une jeune fille amoureuse, une rose s'est flétrie, jusqu'au monde imaginaire de la rose fanée devenue symbole de l'amour fugitivement heureux, évanoui puis revécu en rêve»:

> … im regelmäßigen Lauf der Dinge die reale Welt des Balles verlassend, auf dem sie an das Mieder eines verliebten Mädchens geheftet war, verwelkte eine Rose, um in die Scheinwelt der verblühten Rose überzugehen, die zum Symbol einer kurz dauernden glücklichen Liebe geworden war, verging und erst im Traum wiederauflebte.

Öffne die geschlossenen Lider,
die ein jungfräulicher Traum streift;
ich bin der Geist der Rose,
die du letzte Nacht auf dem Ball trugst.
Du nahmst mich, noch beperlt
von silbernen Wassertropfen,
und auf dem strahlenden Fest
trugst du mich den ganzen Abend lang.

Soulève ta paupière close
Qu'effleure un songe virginal;
Je suis le spectre d'une rose
Que tu portais hier au bal.
Tu me pris encore emperlée
Des pleurs d'argent de l'arrosoir,
Et parmi la fête étoilée
Tu me promenas tous le soir.

Hohe Kunst und Volkskunst besitzen die Rosen nicht allein, sie müssen sie mit der Trivialkunst teilen. «Schenkt man sich Rosen in Tirol» wird in der Operette gesungen, «I never promised you a rose garden» heißt der Titel auf der Hitliste. Wo immer aber wir die Rose finden, ob auf der Papierserviette oder der amerikanischen Krawatte, immer erkennen wir eine letzte Verästelung der aus der Tiefe der Zeit durch die Jahrhunderte zu uns heraufreichenden Geschichte einer Blume, die die Menschen mit ihrer Schönheit so betörte, daß sie die Rose mit der Last aller erdenklichen Ehren überhäuften.

Was war sie nicht alles! Sinnbild für Vergänglichkeit, für Lust, Schmerz und Trauer, für die intimen Freuden der Seele, für die Liebe zu Gott und die Liebe zur Liebe, sie war Symbol des Reichtums und der Verschwendung, der Unendlichkeit und der Vergänglichkeit, und immer genügte schon die bloße Anspielung zur Dechiffrierung des Codes, zur instinktsicheren Wahl der richtigen Bedeutung aus dem ganzen Reichtum der möglichen Bedeutungen.

«Das Atelier war von einem starken Rosendufte durchflutet», heißt der erste Satz des Romans *Das Bildnis des Dorian Gray* (1890/91) von Oscar Wilde, und noch einmal an einem schönen Junitag, als das Bildnis fertig ist, entschlüsseln wir den «schweren Duft der Rosen» im Atelier mühelos als Hinweis auf erotische Süße und Schönheit.

Balsamisch duftende Rosen streuen die Engel am Ende von Goethes *Faust II* (1808), es sind Rosen der himmlischen Liebe, an denen sich die Teufel verbrennen, die den Engeln Fausts Seele entreißen wollen. Sie ergreifen die Flucht, wehklagend stürzen sie sich «ärschlings» in die Hölle. Mephisto schlägt sich hilflos mit den schwebenden Rosen, mit den seligen Blüten, den fröhlichen Flammen herum.

Wie anders die Rose hier ist als dort! Wie anders und seufzend frivol bei der scharfzüngigen New Yorker Schriftstellerin Dorothy Parker (1893–1967), die sich bitter beklagte:

Why is it no one ever sent me yet　　　*Ah no, it's always just my luck to get*
One perfect limousine, do you suppose?　　　*One perfect rose.*

Was meinen Sie, schimpft sie, warum hat mir nie jemand eine vollkommene Limousine geschickt? Du liebe Zeit, ich habe immer das Glück, eine vollkommene Rose geschenkt zu bekommen.

Eine Pariser Bäckerei von der teureren Sorte – Hinterglaspaneelen im Schaufenster. Die säende Frau, Erinnerung an die fruchtbringende Ceres, und eine Erinnerung daran, daß Rosen für Fülle, Reichtum, Schönheit, Wohlbefinden stehen.

Golden Wings, Strauchrose, Roy Shepherd ,USA 1956. Gesehen im Jardin du Donjon de Ballon, unweit von Le Mans. Gehört zur Gruppe der Pimpinellifolia. Große, hellgoldgelbe Blüten mit goldbraunen Staubgefäßen, einzeln und in Dolden. Blüht nahezu ununterbrochen von Juni bis Oktober. (Rechte Seite)

*Wirkteppich (1901) nach einem Entwurf von Edward Burne-Jones,
einem der englischen Nazarener. Sie nannten sich Präraffaeliten, weil sie
die Einfachheit und Schönheit der Malerei vor Raffael zurückgewinnen
wollten. Der Teppich im Badischen Landesmuseum in Karlsruhe erzählt aus
dem französischen* Roman de la Rose, *wie der junge Dichter die Rose
begehrt, in die er sich verliebt hat.*

Dame de Cœur ist eine Teehybride, gezüchtet von Lens, 1958. (Oben)

Überlistung des Todes? Festhalten von Zeit? Angehaltene Erinnerung?
Wieviel Sehnsucht ist in getrockneten Blumen aufgehoben? Wieviel Gefühl? Vielleicht
hat die ganz moderne Art Directorin, die in ihrem modern gestylten Apartment
in Aberdeen, Hongkong, auf dem Fensterbrett sitzt und erwartungsgemäß lächelt,
diese Rosen ganz weit weg von jeder Wegwerfmentalität aufgehoben? Vielleicht
lächelt sie asiatisch geheimnisvoll, wenn sie im Vorübergehen einen Blick darauf wirft?
Im Hintergrund übrigens der Hafen von Hongkong. Ohne Rosen.

Johann Ramsauer, ein
Appenzeller, ging als Soldat in
holländische Dienste, aber
das war nicht gut. Geboren am
12. Juni 1805, starb er im
jugendlichen Alter von einund-
zwanzig Jahren und bekam
nicht mehr als ein ordentliches
militärisches Begräbnis samt
Salutschüssen und dieses Gedenk-
blatt, dessen ebenso ordentliche
wie schematische Darstellung des
Sehnens nach dem Vaterlande
von Rosen ebenso geschmückt wird
wie sein militärisches Begräbnis
(Schweizerisches Museum für
Volkskunde in Basel). Von Rosen
umrauscht ist auch der Brief-
kasten, dem die Trauerpost ebenso
anvertraut wird wie die Freuden-
botschaft. Die Rose ist für alles
und alle, es ist die Blume zu jeder
Gelegenheit. Die Sache ist
fast nichts, die Ausdeutung alles.

Marc Chagall im Kunsthaus Zürich – ein Märchenerzähler träumt
von der Liebe, ein Maler öffnet den Urgrund des Lebens:
Au-dessus de Paris, 1968.

Tequila Sunrise hat uns nicht mehr als ihren Namen preisgegeben.
(Linke Seite)

Hochzeit in Bergamo. Das blendende Weiß der Unschuld , das leuchtende
Weiß der Reinheit – die Symbolik kann noch so alt sein, sie ist so stark und klar,
daß ihre Botschaft unmißverständlich immer wieder neu erlebt wird.

Schneewittchen, Floribundarose, Kordes 1958. Weiße, kleine,
wohlgeformte Blüten, halbgefüllt, überaus reichblühend. Hellgrünes, glänzendes
Blatt. Auch als Climber zu brauchen. In Deutschland unter der
Warenzeichennummer 713 262, in Italien 211 879, in Dänemark 832,
in Frankreich 196 284, in Schweden 83 533. Das Zahlenspiel nur, um einmal
zu zeigen, was Sortenschutz praktisch heißt. (Oben)

*Hat man erst einmal die Augen trainiert, kommt man an Rosen nicht mehr
vorbei:* links oben *ein Räucherfäßchen aus der Zeit Ludwigs XIV., vergoldete Bronze.*
Rechts oben *ein Parfumflacon aus dem 18. Jahrhundert, ein molliger Cupido
in Rosengirlanden. Beide Sammelstücke stehen, sorgfältig in Vitrinen geschützt,
in der Parfumerie Fragonard in Grasse, wo jedermann sie sehen kann.
In Grasse spielten die Rosen schon immer eine besondere Rolle – seit Patrick Süskinds
Roman* Das Parfum *wissen wir auch wieder, weshalb. Die Parfumindustrie
von Grasse entstand im sechzehnten Jahrhundert. Damals, so will es die Entstehungs-
legende, führte Katharina von Medici die Mode ein, ihre Handschuhe
zu parfümieren. Da war der Bedarf an Handschuhen groß – und der Bedarf an
Duftstoffen ebenfalls. So schnell geht das mit den Marktlücken, und so einfach.*

*Das ist Haute Couture – ein großes Abendkleid von Nina Ricci,
in Seidenbrokat, eine himmlische Hommage an eine königliche Blume zum
Ladenpreis von 8900 Franken.* (Rechte Seite)

So einfach es hergeschrieben ist, so schwierig ist es hingemischt.
Reagenzgläser mit kostbaren Essenzen, die zur Herstellung von Duftmischungen
gebraucht werden. Freilich nicht in Grasse, sondern ganz einfach in Basel:
Abraxas heißt das Geschäft, in dem die Liebe eine ganz besondere
Rolle spielt – die Liebe zum guten Geruch und die Liebe zur Liebe, mit der guter
Geruch so viel zu tun hat.

Die scharlachrote Teehybride Karl Herbst wurde 1950 von Kordes eingeführt.
(Linke Seite)

*Attar heißt im Arabischen
eigentlich der Drogist. Wir denken nicht an einen Mann im
weißen Kittel, wenn wir an Attar
of Roses denken. So heißt Rosenöl
im alten Kolonialenglisch.
Jeder hat schon die unglaublichen
Zahlen gehört – zwanzigtausend
Kilo Rosenblätter, um einen
Liter Rosenöl zu gewinnen, und
wie in Bulgarien fleißige Menschen auf riesigen Rosenfeldern die
Blüten sammeln. Hier zum
Beispiel im «Tal der Rosen» mit
dem Zentrum Kasanlak,
dem bulgarischen Rosenzentrum.
Und für die ewig Neugierigen:
Ein Gramm Rosenöl kostet
so viel wie ein Gramm Gold. Gold
duftet nicht, hält aber länger.
Gewogen werden muß die Ernte
natürlich auch* (oben links),
ein Sack (wie oben gezeigt) *ist*
*zwischen 22 und 28 Kilogramm
schwer. Vier bis fünf Stunden
Arbeit, bis er voll ist, der Arbeits-
lohn dafür ist fünf Franken
(so um 1990 herum jedenfalls).
Und dann ab in die Destillation*
(oben rechts). *Wie man das
macht? Das kann man lernen.
Nachts wird das fertige Destillat
unter polizeilicher Aufsicht
abgeholt, 80 Prozent sind in der
Regel schon verkauft – an
die französische Parfumindustrie,
die es allerdings auch nur
für Spitzenmarken verwendet.*

Am ersten Wochenende im Juni wird in Kasanlak das Rosenfest gefeiert.
In historischen Kostümen, versteht sich. Kleine Köstlichkeit
am Rande: das dünne Rosenwasser, sonst offenbar nicht zu brauchen, kommt
an diesem Tag in die Spritzgeräte und wird verschwenderisch über Einheimische
und Touristen versprüht. Gewährsleute behaupten, daß das ganze
Land nach Rosen stinkt.

Kulissenwechsel, von Bulgariens Rosenfest nach Zürich, da ist Fasnacht.
Auch die dämonischste Maske will nicht ganz aufs Bacchantische verzichten. Rosen also.
Und wieder ist die Form alt, so alt – zum Beispiel – wie der Rosenroman aus
dem dreizehnten Jahrhundert, in dem die Jünglinge und Frauen Rosenkränze tragen.

Mainzer Fastnacht (Blue Moon), Teehybride, Tantau 1964. Blüte hellfliederfarbig
bis lila, würziger Duft. Elegante Knospe. Hellgrünes Blattwerk. (Linke Seite)

Sonntäglicher Wochenmarkt in Chichicastenango. Indianerinnen verkaufen was?
Gut. Und das rechte Bild – ist der Rosenschal schön? Ist er nicht schön?
Paßt das glutfarbene Rot zu den schwarzen Haaren? Haben wir es mit einem Cross-Culture-
Phänomen zu tun – das heißt nichts anderes als Vermischung von Kulturen,
die ursprünglich nichts miteinander zu tun hatten? So viele Fragen, keine Antworten.

Stark und wild wuchert die freie Natur mit ihren Ausdrucksformen,
streng in die Zucht der Stilisierung nimmt sie der Mensch. Der Hausgiebel in Aarau
spielt nach genauen Regeln mit der Grundform einer Blüte. Rosenblüte oder nicht?
Hat der Maler aus lauter Liebe zur Symmetrie eines, das fünfte Blatt der
Wildrosenblüte unterschlagen? Oder aus lauter Begeisterung über die Schönheit seiner
Arbeit vergessen? Oder ist es etwa die stilisierte Blüte des Bergweidenröschens
(Epilobium montanum), die sich hier eingeschlichen hat? Der Aarauer Denkmal-
pfleger meint, daß der Maler jede andere Blüte genauer gemalt hätte, die Rosenblüte
aber konnte er im Vertrauen auf ihre Lesbarkeit auf ihre Grundform
herunterstilisieren.

Rosa willmottiae, Strauchrose, West-China 1904. Kleine, einfache, lila-rosa
Blüten, leicht birnenförmige Hagebutten. Das farnartige Blatt duftet leicht, wenn
man es zwischen den Fingern reibt. (Linke Seite)

Unser tägliches Rosenbrot gib uns heute. In Novara, Provincia Novara, Italien,
hat der Fotograf diese doch schon etwas absonderliche Art des Brotbackens gefunden.
Es hat vermutlich nicht mehr damit auf sich, als daß ein ehrgeiziger Bäcker
eine Probe seiner Kunst ablegen wollte. Oder träumte ein Gärtner, der umsatteln
mußte, in der Backstube von einem Rosengarten? Aber beim Wein, da kennen
wir uns aus. Rosensträucher am Anfang langer Reihen von Reben stehen als Wächter da.
Freilich nicht gegen Traubendiebe, sondern gegen den gefürchteten Mehltau.
Rosen reagieren schneller auf den Befall durch Sporen der Erysiphaceae (echter)
oder Peronosporaceae (falscher Mehltau). Wenn der Rebbauer auf den Rosenblättern
(das ist der echte) oder unter ihnen (das ist der falsche Mehltau, der gefährlichere)
den puderartigen weißen Belag entdeckt, weiß er, daß Gefahr für die Reben im Anzug ist.

Die Kühe sind echt, die Rosen aus Papier – aber schön sind sie doch! Schön blau vor allem. Die Tiroler Bauern greifen den Rosenzüchtern vor. In der Zeitung stand erst kürzlich zu lesen, daß es australischen Biotechnologen nun endlich gelungen sei, eine blaue Rose zu züchten. Sie konnten das Gen isolieren, das für die blaue Farbe verantwortlich ist. Den Kühen hier ist das ziemlich gleichgültig. Sie lieben blaue Papierrosen so wenig wie echte rote. Weshalb sollten sie, wir würden sie auch nicht fressen. Trotzdem kann man die kunstvollen Aufbauten nur einmal brauchen. Oben ange-kommen, sind sie so zerfetzt, daß sie auf den Kompost müssen. Falls es auf der Alp einen Komposthaufen gibt. Wieso sollte es, keine Sünde gibt es ja auch nicht da oben, wie uns immer vorgesungen wird. Drunten in der Wachau hat man übrigens (wie oben zu sehen) Rosen im Knopfloch, oben im Kleinen Walsertal trägt man Rosen auf dem Mieder, wo immer man sie trägt, man trägt nie zu schwer daran.

Schaffhauser Spielkarten
aus der Schaffhauser Spielkarten-
fabrik im Museum zu Aller-
heiligen in Schaffhausen. Das
sehr schöne linke Blatt
zeigt die traditionell stilisierte
Grundform der Wildrosenblüte
als Farbe, das rechte Blatt,
mit dem wir etwas Mühe haben,
weil es schon gefährlich
in Kitschnähe gespielt wird,
benützt die Rose als Dekor
und beweist zumindest dies:
Man kann sie überall brauchen,
insbesondere deshalb, weil
die spitzesten Stacheln sie nicht
vor schlechtem Geschmack
schützen können. Fraglos schön
und eine Zierde der
Schmiedekunst früherer Tage ist
das Schild des Gasthauses zur
Goldenen Rose im tirolerischen
Hall.

*Ausschnitt aus einem Deckenfresko im Rilakloster im Rilagebirge in Bulgarien,
gegründet 1334/35. Die Malereien, die wir hier sehen, sind viel später
entstanden, sie stammen aus der Zeit nach der Befreiung von der Türkenherrschaft
und erzählen von der Wiedergeburt Bulgariens im 18./19. Jahrhundert.
Genauer war es nicht herauszubringen. In Bulgarien gibt es leider noch nicht,
was für uns schon fast selbstverständlich ist. Wir greifen in den Bücherschrank und
holen uns aus der Reihe der Schweizerischen Kunstdenkmälerbände den
richtigen und schauen im Index nach und blättern auf, und schon haben wir es
schwarz auf weiß und wissenschaftlich gesichert. Aber die Rose auf der Gürtel-
schnalle des aus der Schrift vortragenden Heiligen haben wir trotzdem gefunden!
Und waren wieder überrascht davon, daß die Stilisierung der Rosenblüte bis
zum Verlust ihrer natürlichen Farbe getrieben wird – in einer farblich doch so reich
blühenden Darstellung.*

*Bengali, Floribundarose, Kordes 1966. Orangefarbene, leicht duftende Blüte,
Pflanze breitbuschig, stark verzweigt, Laub hellgrün.* (Oben)

Herr Alessander Paul macht
einen etwas genierten Eindruck
angesichts der Dame, die sich
so ganz ihm zuwendet. Ist er am
Ende glücklich, nicht mehr
entscheiden zu müssen, wie er
mit ihr umgehen soll und
wie er sich auch noch für die
Rosen bedanken sollte, die
sie ihm schenkt statt umgekehrt?
Ganz anders das gußeiserne
Kreuz mit den silberfarbenen
Blumen, als da sind eine
Plastikrose, eine Plastiknarzisse,
eine Plastiktulpe und eine
botanisch nicht näher bestimm-
bare Angehörige der Pflanzen-
welt. Dieses schöne Ensemble
fand sich in Wien, auf dem
Friedhof der Namenlosen in den
Auwäldern am Ufer der Donau.

Wer hier liegt, braucht auch
im Tode keine Verwandtschaft
mehr zu fürchten.

Leverkusen, hier als Hoch-
stammrose, Kordes, Deutsches
Warenzeichen Nr. 674 240.

Kennerhaft in Rosen blättern: Rosenpartitur

Wenn ein Musikliebhaber mit einiger Übung imstande ist, Noten zu lesen und die Musik dabei mit seinem inneren Ohr zu hören – sicherlich nicht so vollkommen wie im Konzertsaal, aber immerhin –, dann muß es dem Rosenliebhaber doch auch möglich sein, eine Rosenpartitur zu lesen. Mehr noch, der kenntnisreiche Rosenliebhaber müßte erkennen können, um welche Partitur es sich handelt, falls sie nicht freie Erfindung ist, sondern eine Notation nach der Wirklichkeit. Ich müßte also mit spitzbübischem Lächeln und voller Erwartung anfangen können: *Rosa acicularis Lindl,* Nordamerika 1905,

> eine der Rosen, die zur Züchtung von sehr winterharten Hybriden benützt wurde;

Rosa arkansana Porter, Centre USA;

Rosa corymbifera Borkh (in ihr wurde lange ein Elternteil der *R. alba* vermutet);

Rosa elegantula Rolee, China.

Das ist vielleicht noch zu wenig, um zu erkennen, welche Rosenmelodie hier gespielt wird. Also gebe ich noch ein bißchen zu:

Rosa × coryana Hurst 1926, Hybride, Cambridge;

Rosa davidii, zuerst 1908, aus China, hat ihren Namen von dem französischen Missionar und Sammler Père David, der sie entdeckte. E. H. Wilson, dem wir gleich noch begegnen werden, kultivierte sie ab 1908.

Rosa × sublaevis (Gallica × Arvensis);

Rosa nitida, Nordamerika, zuerst 1807. Sie wuchert niedrig und gestrüppartig auf trockenen Sandböden und zeichnet sich durch üppige Herbstfarben aus;

Rosa glutinosa, 1821, auch eine Zwergrose, aber aus Südosteuropa, um die fünfzig Zentimeter hoch;

Rosa alpina gracilis;

Rosa horrida, zuerst 1796, aus der Türkei;

Rosa arvensis, cultivée depuis 1750, ist vermutlich die Rose, die in Shakespeares *Sommernachtstraum* gemeint ist. Oberon bedankt sich bei Puck für die Wunderblume, die er bestellt hat. Jetzt wird Oberon Titania suchen, um sie zu verzaubern, und er weiß auch, wo sie zu finden ist:

Ich weiß ein Fleckchen, wo der Thymian blüht,
Das Auge Primeln viel und Veilchen sieht;
Von Geißblattranken wohlig zugedeckt
Und unter Hagdornbüschen wohlversteckt,
Schläft dort Titania manchmal nachts...
(Sommernachtstraum, II:1,249; Übersetzung von Rudolf Schaller)

«I know a bank where the wild thyme blows
Where ox-lips and the nodding violet grows
Quite over-canopied with lush woodbine
With sweet musk roses and with eglantine.»

Für die Moschusrosen (musk roses) war in den deutschen Übersetzungen offenbar kein Platz, und *eglantine,* das hat schon Schlegel falsch verstanden. Hagdorn ist nicht die Wildrose, Hagdorn ist unser Weißdorn. Das ist zwar auch ein Mitglied der Familie der Rosengewächse, aber eben nicht *eglantine.* Vielleicht haben die Übersetzer, die ja nicht auch noch Botaniker sein konnten, Hagdorn mit Hagebutte verassoziiert, also mit der Frucht der Rose. *Butte* kommt übrigens von *butzen,* und den kennen wir vom Apfel. Das englische Wort *eglantine* aber kannten die Franzosen besser, denn bei ihnen heißt unsere Hundsrose (*Rosa canina*) oder Heckenrose genau gleich, *églantine*.

Wir wandern weiter. Wir haben hier noch *Rosa helenae*.

Und wenn es jetzt immer noch nicht gefunkt hat? Dann muß ich doch helfen. Wir sind in Chalon-sur-Saône, weit draußen vor der Stadt, in der Flußebene. Ein wundervoll gepflegtes, weitläufiges, sanft bewegtes Parkgelände dient verschiedenen Zwecken gleichzeitig, es ist Fitness-Parcours, es ist Golfplatz mit 18 Löchern und es beherbergt die *Roseraie du Parc Saint-Nicolas.* Ach ja, werden die Belesenen sagen, es gab doch da mal einen J. H. Nicolas, dessen Buch *The Rose Odyssee* 1937 erschien. Ist er heiliggesprochen worden? Nein, der Heilige, dem die Stadt Chalon in den Flußauen so viel Raum gab, hat damit nichts zu tun. Das Rosarium Saint-Nicolas ist noch so neu, daß nicht einmal alle jüngeren Autoren davon wissen. Eine Fachautorität wie Peter Beales (*Classic Roses,* Collins & Harvill 1985) hält fest: «An important Collection of old Roses started in 1977.»

Die zwei Kilometer, die den alten Rosen gewidmet sind, sollte man schon mal laufen. Die klimatischen Bedingungen sind für Wildrosen offenbar hervorragend. Viele Sträucher in der *Allée de Roses anciennes,* die der *Histoire de la Rose* gewidmet ist (und nur um die geht es uns hier), blühen bereits Mitte Mai verschwenderisch, es duftet himmlisch, und die Golfspieler stören wirklich nicht.

Ich habe mit der Bestandsaufnahme am Anfang des Rosenwegs begonnen, ganz vorn, beim zehnten Loch. Und bin mit dem Block buchstäblich im Kriechgang von Strauch zu Strauch gerutscht, weil die Tafeln oft vom Grün ganz zugedeckt waren.

Rosa hugonis (Rose du Père Hugh Scallan), Zentralasien, 1899. Gelb, einfach, betörender Duft, über zwei Meter hoch und 16 Meter (abgeschrittener!) Umfang des Strauchs;

Rosa fetschenkoana Regel, Turkestan;

Rosa holodonta stapi (moyesii Rosea), China, 1908;

Rosa blanda (Rose du Labrador), Nordamerika;

Rosa marginata Wallroth;

Rosa cannabifolia.

Immer links am Weg, in Dreierreihe gestaffelt, jeder Strauch ein vollausgewachsener Solitär, manche nur kniehoch, manche bis zu drei Metern hoch, und alle, fast alle, kerngesund. Das ganze Gelände gärtnerisch erstklassig gepflegt, lockere Baumgruppen, der Rasen, wie halt so ein Golfrasen aussieht, die ganze Anlage eine Augenweide.

Hintereinander

Rosa rubrifolia; R. nutkana 1876 aus USA;

R. sulphurea (gelb); *R. mutabilis;*

R. california plena von 1894, *R. pomifera.*

Dann die erste *Rosa gallica (Rose de France* oder *Rose de Provins)* mit dem beiläufigen Vermerk «vor 1500». Und weiter

Rosa macouni, 1826 aus Nordamerika;

Rosa Omeiensis Rolf., 1890 aus China, einfach, weiß, überreich blühend, das Gras um den Strauch herum von den abgefallenen Blütenblättern weiß wie nach einem Frühlingsschnee;

Rosa lucens ereca;

Rosa pendulina L.;

Rosa roxburghii Tratt., Anfang 19. Jahrhundert aus China;

Rosa willmottiae, 1904 aus China.

Kleine Pause:

willmottiae, das erinnert an den Engländer
E. H. Wilson (1876–1930), der nach der
Jahrhundertwende zweimal in China
sammeln ging. Auch *R. moyesii*
(siehe unten) und *R. sinowilsonii* tragen
seinen Namen.

Weiter im Text:

Rosa carolina, 1826 aus Nordamerika (trotz ihres
Namens die «Staatsblume» von Iowa);

Rosa setipoda, 1895 aus China;

Rosa × duponti, und da steht noch «en culture par
Dupont en 1817»;

Rosa virginiana Mill., 1807 aus Nordamerika.
Und wieder einen Augenblick verweilt:
Mill., das erinnert an den Gärtner Philip
Miller, der als Lehrer von Daniel August
Schwartzkopf in unserer Geschichte
von Schloß Weißenstein (Wilhelmshöhe)
vorkommt (S. 98 ff.). Miller, Kurator des
Londoner Botanischen Gartens,
brachte die *R. virginiana Hybride,* die
St.Mark's Rose, 1768 nach England mit;

Rosa rubiginosa L.;

Rosa × anthina, 1906 aus China, mit winzigen, fast
kugelrunden, gelben, gefüllten Blüten;

Rosa woodsii Lindl, 1815 aus Nordamerika;

Rosa soulieana, 1896 aus China;

R. x spaethiana, seit 1912;

Rosa spinosissima var. altaica Rehd., Sibirien 1820;

Rosa gentiliana, China 1907;

Rosa brunonii (Rosier musque de l'Himalaya),
1822;

Rosa rugosa Thunb. Alba, aus Nordostasien 1796;
und dieselbe gleich noch zweimal, als

R. rugosa rubra und als

R. rugosa scabrosa.

Wir sind immer noch auf dem gleichen
Weg, rechts ein Kiefernwäldchen, links
die Rosen, mächtige Sträucher, die Geschichten
erzählen. Zum Beispiel

Rosa cantabrigiensis S. Weaver – eine Hybride,
die 1930 im Botanischen Garten von
Cambridge entstand, oder

Rosa moyesii Hemsl. et Wils., 1894 aus China.

R. willmottiae hatten wir schon, auch *moyesii* ist
(wie oben schon angemerkt) Wilsons
Fund, das heißt nun freilich, daß
R. moyesii hier zu früh datiert ist, denn
Wilson war überhaupt erst nach 1900
zum ersten Mal in China. Sein
Hauptbeitrag war die Einführung
asiatischer Spezies, die später viel zur
Kreuzung von Wildformen benützt
wurden. Für seine Leistungen bekam er
1912 die *Victoria Medal of Honour.*

Rosa farreri persetosa – Three penny bit Rose, die
Knospen verleihen dem zierlichen Strauch
ein Aussehen, als sei er mit winzigen
Korallen behängt, ihre Blüten sind ganz
klein, einfach, rot bis blaßrosa beim
Verwelken, die Blätter sind winzig und
sitzen zu neunt statt der üblichen fünf
oder sieben am Stiel, 1915 aus Südchina;

Rosa thoresbyana, 1840;

Rosa borboniana, von der Ile de la Réunion 1817
(die Bourbonen sind gemeint, vier
Jahre nach dem endgültigen Sturz des
Kaisers Napoleon), und die letzte –
nicht überhaupt, bewahre, nur vorläufig
auf der linken Wegseite,

Rosa macrophylla Lindl., Himalaya 1818.
Riesenblätter!

Ich habe immer noch 53 Namen aufge-
schrieben, die *Rosa alba* waren noch nicht dran

und die *Damaszener* nicht und die *Centifolien* nicht und die *Gallica* nicht und die *R. foetida* nicht und die Rosa lutea nicht, und wenn jemand wirklich wissen will, was in Chalon – nur im Teil für die alten Rosen! – noch zu sehen ist, dann gebe ich die Liste gerne preis. Was Rosensammeln heißt, wird freilich, wie ich denke, auch mit dieser halben Liste schon erkennbar.

Die Damaszener zwischen Loch 11 und Abschlag 12 haben mir übrigens am Ende am allerwenigsten gefallen, und das hat mit Golf nichts zu tun. Nach den wundervoll geformten,

im Laub teilweise hinreißend schönen Sträuchern am Weganfang sind diese hier so sperrig und grobschlächtig, daß ich still für mich anfange, die unbestrittene Schönheit der Blüten als Entschuldigung zu benützen.

La Roseraie Saint-Nicolas ist übrigens leicht zu erreichen, ein großer Parkplatz am Rand des Geländes, wer das ganze Rosarium besichtigen möchte und hier und da noch ein Etikett lesen will, der muß mit mindestens anderthalb Stunden Fußmarsch rechnen. Es lohnt sich!

Was ist denn ein Rosarium? Sammeln und Sortieren!

Dr. Otto Bünemann, der Leiter des Deutschen Rosariums VDR in Dortmund, erzählt von sich und seiner Arbeit.

Rosarium, dieser lateinische Titel, meint in erster Linie eine Sammlung von Rosensorten und Wildarten. Das unterscheidet ein Rosarium zunächst einmal von einem Rosengarten, der eine ästhetische Anlage ist, für die Schönheit. Ein Rosarium hat vor allem einen wissenschaftlichen Charakter. Das bestimmt auch das Drumherum, zum Rosarium gehört automatisch die Bibliothek, und es gehört dazu ein Botaniker, ein Wissenschaftler als Leiter und Sammler. Es muß nicht unbedingt ein Wissenschaftler sein, es kann auch ein Gärtner sein, der aber sehr intensiv und kenntnisreich und wissenschaftlich Sorten sammelt und dem nachspürt, was es zu entdecken gibt.

Hier in Dortmund hat sich noch ein anderer Aspekt verstärkt hineingedrängt, nämlich die Aufgabe, dem Gartenliebhaber zu zeigen, wie er die Vielfalt an Rosen, die es hier zu sehen gibt, in seinem eigenen Garten sinnvoll arrangieren kann. Wir schlagen in diesem Rosarium mit vielen Beispielen auch anderen Städten vor, wie sie die vielen Sorten, die es gibt, in Parkanlagen oder an anderen Standorten sinnvoll einsetzen können und welche Aufgaben die Rose als Zierpflanze übernehmen kann. Wir zeigen zum Beispiel die zweckmäßige Verwendung von Kletterrosen als Zaunberankung oder als Mauerdecker. Wenn wir uns allerdings darauf beschränkten, wären wir nicht mehr als ein Rosengarten.

Daß wir uns Deutsches Rosarium nennen, obwohl es noch eines mit diesem Anspruch gibt, hat seine Geschichte. Der Verein Deutscher Rosenfreunde (VDR) ist 1883 gegründet worden, und 1903 hat dieser Verein, übrigens die älteste deutsche Pflanzenliebhabergesellschaft, in Sangerhausen in Thüringen, das ist nicht weit von

Erfurt entfernt, ein Rosarium als Vereinsrosarium gegründet und später dort auch die Zentralstelle für Rosenforschung unterhalten.

Dieses Rosarium des VDR in Sangerhausen, das mit seinen sechstausendfünfhundert Rosensorten heute noch als die bedeutendste Rosensammlung der Welt gilt, lag nach dem Krieg in der ehemaligen DDR und war viele Jahre nicht zugänglich. Alle hofften immer auf die Wiedervereinigung, aber als es nun gar nicht mehr danach aussah, wurde der Wunsch nach einem zugänglichen eigenen Rosarium immer begreiflicher. Man konnte zwar nach Sangerhausen reisen, aber nur unter großen Mühen. Da verhandelte der VDR mit der Stadt Dortmund, die Verträge wurden 68/69 formuliert, nach der Bundesgartenschau von 1969 wurden sie wirksam.

Am 20. Juli 1969 wurde die erste Rose im Deutschen Rosarium VDR feierlich gepflanzt. Es war eine *Konrad Glocker,* der Namensgeber war selber mit anwesend, anwesend war auch der erste Leiter des Rosariums Gerd Krüssmann, ein hervorragender Fachmann und der Autor eines der beliebtesten Bücher zum Thema (*Rosen Rosen Rosen,* Verlag Paul Parey, Berlin und Hamburg, 2. Aufl. 1986, DM 196.–). Schon 1972 konnte das Rosarium mit eintausendfünfhundert schon gepflanzten Sorten der Öffentlichkeit übergeben werden.

Im Vertrag mit der Stadt Dortmund ist der Name *Deutsches Rosarium* festgeschrieben, und in diesem Vertrag hat sich der Verein auch verpflichtet, kein zweites Rosarium zu gründen. Es gibt natürlich viele Rosengärten, wie zum Beispiel den berühmten Rosengarten der Stadt Zweibrücken (*Europas Rosengarten* in Zweibrücken an der Rosengartenstraße mit 60 000 Rosen in 2000 Arten und Sorten und, daneben,

den Wildrosengarten an der Fasaneriestraße mit 5000 Rosen in 800 Arten und Sorten), oder den in Mannheim (im Herzogenriedpark und im Luisenpark mit zusammen 8000 Rosen in 540 Arten und Sorten), oder im Rosensichtungsgarten in München. Aber das Rosarium des VDR ist Dortmund.

Und dann kam die Wiedervereinigung, und nun haben wir eben zwei Rosarien in Deutschland. Die Idealkonkurrenz ist so definiert, daß Sangerhausen weiterhin seinen angestammten, in der ganzen Rosenwelt bekannten Namen Rosarium Sangerhausen behält, und Dortmund den Namen Deutsches Rosarium VDR. Mit mittlerweile, um nun auch der Statistik Genüge zu tun, 140 000 Rosen (davon an die 30 000 Bodendeckerrosen) in 400 Arten und an die 3000 Sorten.

Sangerhausen hat wesentlich mehr Sorten als Dortmund (50 000 Rosen in 6500 Arten und Sorten), und das auf kleinerem Raum. Daran ist schon zu sehen, daß die Schwerpunkte etwas anders verteilt sind, und dadurch ergänzen wir uns gut und arbeiten gut zusammen.

Träger des Deutschen Rosariums ist ausschließlich die Stadt Dortmund. Sie spendet sogar dem VDR jährlich noch 1500 Mark, von denen Bücher gekauft werden für die Bibliothek. Das ist natürlich für Dortmund eine sehr einseitige Belastung, aber der VDR verpflichtete sich dafür zumindest, seinen Rosenkongreß alle vier Jahre und auch seine Seminare und wissenschaftlichen Veranstaltungen hier abzuhalten. Das sind kleine Verpflichtungen für den großen Nutzen, den der VDR aus dieser Übereinkunft zieht.

Was ein Rosarium kostet? Der Gesamtaufwand ist gar nicht wirklich auszurechnen. Das Deutsche Rosarium ist einerseits eine Außenstelle des Botanischen Gartens Rombergpark, ist aber voll in den Städtischen Westfalenpark integriert. Es ist im wesentlichen ein Rosenweg mit 38 Stationen, der voll in den Park eingebettet. Das Rosarium ist also nicht ein fest abgegrenztes Gebiet, sondern eine Art roter Faden, ein Rosenfaden, durch die ganze, riesige Parkanlage. Die einzelnen Inseln liegen wie an einer Perlschnur aufgereiht, es sind immer kleine, individuelle, zum Teil historisch gestaltete, intime Gärten oder kleine Pflanzungen, mitunter ist es nur ein einziger Baum, der von einer großen Kletterrose bewachsen ist. Überzeugend ist, daß die Rosen überall sehr individuell gezeigt werden können.

Wir wollen Rosen nicht als Solitäre ausstellen. Begleitpflanzen sind ein ganz wichtiges Thema bei uns. Und wie die Rose im Hausgarten einzusetzen ist, zeigen wir auch. Wir haben sieben kleine Bungalowgärten, die zwar ineinander übergehen, die aber optisch deutlich begrenzt sind. In denen zeigen wir, wie man mit Rosentypen umgehen kann, von der Zwergrose bis zur Kletterrose, wir zeigen auch zum Beispiel einen weißen Rosengarten und wie die Begleitpflanzen in einem so stilisierten Garten aussehen könnten.

Am Ende mündet der Weg in ein großes Finale, nämlich dort, wo im Rosengarten im Kaiserhain die Beetrosen stehen. Das ist zwar die eindrucksvollste, geschlossenste, größte Rosen-anlage innerhalb des Westfalenparks, aber sie ist dennoch nur Station 38 dieses Rosenwegs, die wie alle anderen von einer eigenen Equipe von fünf Gärtnern gepflegt wird – wobei die Parkgärtner mithelfen, weil die Rosengärtner allein das gar nicht alles schaffen können.

Wie man Rosariumsdirektor wird? Ich habe natürlich einmal Gärtner gelernt, ich habe sogar Rosen veredelt. Ich war als Lehrling in einer Obstbaumschule und Rosenschule in Wedel in Holstein, bei Hermann Cordes, Cordes mit C, das ist eine andere als die berühmte Kordes-Rosenfamilie in Sparrieshoop bei Hamburg. Dann habe ich in Sarstedt (Landkreis Hildesheim, Kalibergbau, Herd-, Zuckerfabrik, Mühlen und Ziegeleien) und in Herrenhausen bei Hannover Gartenbau studiert. 1954 habe ich mein Diplom bekommen und anschließend im Obstbau promoviert. Ich war dann für ein Jahr gärtnerischer Praxis in Stockholm und in Landskrona in Schweden, und nach der Promotion hatte ich ein Post Doctorate Fellowship in den USA, das waren für mich zwei wichtige Stationen, weil ich auf diese Weise Deutschland auch einmal von außen gesehen habe.

Zu den Rosen kam ich freilich erst sehr viel später. In der Baumschule hatte ich noch ein ganz normales gärtnerisches Verhältnis zu Rosen, mehr nicht, nicht zuletzt deshalb, weil ich immer Schwierigkeiten hatte, mich zu spezialisieren. Obstbau habe ich zwar eine Weile sehr intensiv betrieben, aber eigentlich mochte ich immer die Vielseitigkeit. Und so kam ich wohl auch wie von selber zu den Rosen, da ist die Vielfalt ja schon vorgegeben. Mich interessieren Vernetzungen, mich interessieren Assoziationen und Verknüpfungen mit der Kulturgeschichte der Rose, mit der Rose als Symbol, der Rose als Blume der erotischen Liebe, als Symbol der Marienliebe und des Sterbens, als Siegel der Verschwiegenheit, ich denke an die Weiße Rose, die von dem jungen Geschwisterpaar Scholl während der Nazizeit in München zum Symbol des Widerstandes gemacht wurde, dem nachzuforschen, das finde ich alles hochinteressant und ungeheuer reizvoll, die Vielfalt der Rose ist so zauberhaft.

Nach meinen Auslandsaufenthalten habe ich im Verlagswesen gearbeitet, ich war zehn Jahre in München beim Deutschen Landwirtschaftsverlag Lektor für Gartenbau, dazu gehörte auch Naturschutz, dann wechselte ich zur Deutschen Verlagsanstalt und redigierte dort vier Jahre lang ein Gartenmagazin, dann wurde die Zeitschrift, obwohl die Auflage schön geklettert war, an Burda verkauft. Und dann bin ich hierhergekommen, vom Schreibtisch zurück in die Praxis, und ich bin damit sehr glücklich. Schon beim Obstbau war meine Lieblingsvorstellung immer, so eine Art Mittler zu sein zwischen Wissenschaft und Bürger, zwischen Theorie und Praxis. Ich hatte immer Lust zum Erklären, die Warums zu erläutern, Probleme auseinanderzutüfteln, Zusammenhänge zu zeigen, zu zeigen, wozu Kenntnisse dienen.

Ja, ein Rosarium ist ein lebendes Archiv, ein Museum, Sie können es aber auch als eine Art Genbank bezeichnen. Viele Sorten, die es früher gegeben hat, sind ja schon verschollen, wir passen auf, daß die alten Sorten, die wir noch haben, nicht auch noch verlorengehen. Es gibt Sorten, die nur noch an wenigen Stellen der Welt vorhanden sind, und da kann ganz schnell mal was passieren, dann sind sie weg.

Auch einen ganz praktischen Nutzen kann unsere Arbeit durchaus haben. Ich nehme mal ein Beispiel, die Bodendeckerrose. Wir haben 1976 mit einem Praxisversuch, das war eigentlich eine regelrechte Demonstration, die Anwendung von Rosen als Bodendecker vorgeführt, um dem etwas langweiligen Cotoneaster im Straßengrün[1] etwas Vitaleres an die Seite zu setzen.

Wir haben uns damals intensiv mit dieser Thematik beschäftigt und damit Bahn gebrochen für diese ganz neue Verwendungsart von Rosen. Dazu braucht man Verständnis für Rosen und das Gespür dafür, welche Rosensorten geeignet sein könnten, man muß die Probleme erkennen, die ein Aufgabenbereich hat und formulieren, in welche Richtung die Züchtung gehen sollte.

Mit all diesen Dingen beschäftigen wir uns, und da versuchen wir auch von Zeit zu Zeit Denk- und Leitlinien zu formulieren und letztenendes auch der Wirtschaft Anregungen zu geben. Mehr können wir kaum tun, rein wissenschaftliche Arbeit, im Sinne von Grundlagenforschung also, können wir nicht leisten, weil wir dazu nicht genug Leute haben.

Das ändert aber nichts an unserer Unternehmungslust. Wir planen jetzt, eine Arbeitsgemeinschaft Gesunde Rose ins Leben zu rufen. Wir geben ein Rosenjahrbuch heraus, also müssen wir auch immer wieder publizieren,

1) Bei der Gestaltung privaten und öffentlichen Grüns und bei der Landschaftsplanung sollte man auf die meist einmal- und einfachblühenden Wildrosen und ihre Hybriden zurückgreifen. Durch ihre Vielfältigkeit in Gestalt, Blüte, Blütezeit und Blühdauer, Blattwerk und Fruchtbehang lassen sie sich als Solitärsträucher oder Hecken, als Hintergrundpflanzung oder in Rabatten verwenden. Man muß bei der Pflanzung ihre endgültige Gestalt beachten, damit sie sich ungehindert zu ihrer vollen Schönheit entwickeln können. Gegenüber Gartenrosen sind sie widerstandsfähig und pflegearm – eine sorgfältige Pflanzung und Bodenvorbereitung vorausgesetzt. Ein Schnitt erübrigt sich bis auf das Entfernen alter Triebe. Etwaige Wildtriebe müssen natürlich beseitigt werden. (Aus *Die Rosensammlung zu Wilhelmshöhe*, Kassel 1984.)

man muß neue Ideen haben, anregen, neue Gärten anlegen und so fort. Wir züchten nicht selber, wir stellen aber Züchtern Reiser zur Verfügung, alte Sorten, wenn sie welche haben wollen. Die bekommen sie bei uns gratis.

Wie wir sammeln? Einmal ist Sangerhausen eine tolle Quelle, die haben ja viel mehr als wir. Dann haben wir Beziehungen zu allen möglichen Rosarien in der Welt. Wenn wir etwas Interessantes hören oder lesen, kümmern wir uns darum. Wir haben einen sehr guten Kontakt zu Professor Gianfranco Fineschi in Cavriglia in der Toscana. Fineschi ist ein berühmter Arzt in Rom. Er hat seinen Landsitz in der Toscana, dort pflegt er Rosen als Hobby. Der Professor besitzt mit seinem Roseto das größte Privatrosarium der Welt mit ungefähr fünftausend Sorten. Er ist ein ganz ausgezeichneter Rosenkenner, da können sich viele Fachleute verstecken. Auch mit ihm tauschen wir Reiser! Diese Reiser okulieren wir dann natürlich hier selber, obwohl alles, was wir kaufen können, billiger gekauft ist.

Meine eigene tägliche Praxis im Rosarium? Leider eben doch viel Schreibtischarbeit, überwiegend, das bleibt gar nicht aus. Ich habe ja noch den Botanischen Garten und die Stadtgärtnerei zu versehen, der gesamte Pflanzeneinkauf der Stadt Dortmund läuft hier über den Tisch, dafür habe ich zwar jemanden, der das weitgehend selbständig macht, aber das ist doch viel Papier, und ich muß auch ein bißchen den Blick dafür offenhalten. Da ist einiges zu tun. Und dann stiehlt die Verwaltungsarbeit Zeit.

Trotzdem, wir haben mittlerweile etwas über dreitausend Sorten hier beieinander. Nach welchen Gesichtspunkten sammeln wir?

Ganz gewiß wollen wir nicht alles sammeln, was überhaupt erreichbar ist, diesen wahnsinnigen Ehrgeiz haben wir nicht. Sorten, die sich nun absolut nicht bewährt haben, die weder von der Blüte noch vom Laub, noch vom Wuchs her befriedigen, die besonders krankheitsanfällig sind, die lassen wir auf die Dauer fallen.

Meine Liebe gehört vor allem den alten Rosen. Es hat ja in verschiedenen Zeiten ganz unterschiedliche Mengen Sorten gegeben, Anfang des 19. Jahrhunderts gab es sehr viele, dann bildete sich das wieder zurück, Ende des 19. Jahrhunderts wurden es wieder mehr, da gab es sehr viel Interessantes, vor allem Kletterrosen, Rosen, die wir zum Teil heute wieder entdecken, da kommen die unglaublichsten Kletterrosen zum Vorschein, *Paul's Cymbeline Musk Rambler* zum Beispiel, meistens nur einmalblühende Rosen, aber unseren modernen, öfterblühenden Kletterrosen fehlt einfach diese Wüchsigkeit, da interessiere ich mich sehr.

Nun muß man natürlich aufpassen, daß man sich nicht übernimmt. Es wäre eigentlich anzustreben, daß sich die einzelnen Rosarien auf der Welt bestimmte Zeiträume oder Gruppen suchen, die sie besonders intensiv sammeln. Man sollte Rosenliebhaber durchaus animieren, breit zu sammeln, sich aber doch auf einen Schwerpunkt zu konzentrieren und dann im Tauschverkehr miteinander zu handeln, so wie es ja auch bei den Botanischen Gärten im internationalen Samentausch üblich ist. Und so bieten wir in unserm kleinen *Index Seminum* (also einem Samenverzeichnis), der fast jedes Jahr herauskommt, auch Rosenreiser an. Reiser deshalb, weil die Rose so stark hybridisiert, daß es selbst bei Wildrosen problematisch wird, wenn man Wildrosensamen verkauft. Da ist immer die Gefahr, daß im Rosarium schon was geblüht hat, und dann hybridisiert es und sie bieten an, was dann oft schon gar nicht mehr ganz echt ist. Die vegetative Vermehrung ist da zuverlässiger.

Natürlich liebe ich meine kleinen Besonderheiten, zum Beispiel die aus Persien stammende, gelbe *Rosa foetida* (Fuchsrose), und die daherstammende *Rosa foetida bicolor*. Die ist rot, sie ist im Grunde eine Mutation der Rosa foetida. Mitunter also, das ist das Vergnügliche, schlägt sie zurück, da finden sich dann an ein und demselben Strauch die roten Blüten mit der gelben Rückseite, und dazwischen einzelne Blüten, die ganz gelb sind, oder es finden sich Blütenblätter, die teilweise, zur Hälfte oder zu einem Viertel oder nur mit einem Strich volltongelb sind.

Genetisch ist der Vorgang nicht ganz klar, ich vermute, daß R.foetida eine Chimäre[1] ist, eine Mantelchimäre, wo der Kern manchmal den Mantel durchbricht. Normalerweise prägt sich nur der Mantel aus, und dann ist die Blüte rot, aber dann reißt der Mantel aus irgendeinem Grund und der Kern bestimmt die Blütenfarbe mit, dann passiert das eben, daß wir zwei Farben haben.

Eine andere meiner Merkwürdigkeiten ist eine Teehybride, die aussieht wie eine Wildrose. Beide Eltern sind gefüllt blühende Teehybriden, bei den Kreuzungen der Elternteile aber schlägt die Wildform als größere Schalenblüte immer wieder durch. Das ist eine zauberhafte Blüte mit wunderschönen Staubgefäßen, sie heißt *Dainty Bess*.

Ich bin ein Liebhaber von Wildrosen, von alten Rosen, von Kletterrosen und von Strauchrosen. Am allerwenigsten mag ich die allerpopulärsten, also Teehybriden, sie haben in der Regel keinen Ausdruck, keine Persönlichkeit, und Floribundarosen liebe ich auch nicht über die Maßen.

Gespritzt werden muß leider immer noch, auch wenn wir die Spritzungen erheblich reduziert haben. Wir bedienen uns möglichst wenig giftiger Präparate und bevorzugen selektive Mittel, das heißt, wir verwenden möglichst nützlingsschonende Präparate. Wir wissen natürlich immer noch viel zu wenig. Zum Beispiel wissen wir nicht genau, in welchem Maße die Pilzbekämpfungsmittel die Bodenflora mit beeinträchtigen. Wir wissen immer noch viel zu wenig über den Lebensraum Boden und sehen doch, wie die Landwirtschaft mit dem Boden unglaublichen Raubbau betreibt, das ist ja eine Katastrophe. Wir versuchen, die Gartenbesitzer zur Toleranz zu erziehen, wir sagen ihnen,

---

1) Chimären, Pfropfbastarde: Pflanzen, die in sich die Merkmale zweier verschiedener Spielarten, Arten oder Gattungen vereinigen und (sehr selten) dadurch entstehen, daß aus der Verwachsungsstelle einer Pfropfung Sprosse mit den miteinander gemischten Eigenschaften von Unterlage und Pfropfreis hervorwachsen. Anatomisch sind verschiedene Gewebeschichten der Pfropfbastarde von verschiedener Herkunft, derart, daß z.B. die Epidermis von der einen, die tieferen Gewebe von der anderen Stammform geliefert werden (Mantelchimären, Periklinalchimären, Hyperchimären). Chimärisch aufgebaute Pflanzen werden bei der Gewebekulturmethode, der sogenannten In-vitro-Vermehrung (s. Häberli, in *Reinste Natur*, S.195 ff.), entmischt und verlieren ihren Sortencharakter.

nun seid doch nicht so pingelig, wenn
da mal ein Fleck auf dem Rosenblatt ist, das
ist doch wohl nicht so schlimm, das
ist ja auch Natur. Und wenn mal eine Knospe
angefressen ist, muß man ja nun auch nicht
gleich mit der Spritze los. Da gibt es vielleicht
eine Blattlausinvasion, aber vielleicht auch
schon nächste Woche kühleres Wetter,
und dann erübrigt sich der Blattlauskrieg von
selbst. Wir sagen den Leuten auch, wenn ihr
an Brennesselbrühe glaubt, dann nehmt
Brennesselbrühe, und pflegt euren Boden, aber
verwendet so wenig Chemie wie nur irgend
möglich.

Es gibt in der Schweiz Unternehmungen,
die machen ja ganz interessante Anstrengungen
auf diesem Gebiet, überhaupt arbeiten
die ökologischen Labors der Chemiefirmen
zweifellos sehr intensiv, sie haben nur zu spät
angefangen! Und daß sie angefangen haben,
ist natürlich ein Erfolg der Ökologiebewegung,
nur durch sie ist das Bewußtsein der Menschen
wach geworden. Von selbst, einfach so, aus
Einsicht, geschieht nichts.

Wir versuchen mit unserer *Arbeitsgemeinschaft Gesunde Rose* gezielt zu immer
besseren Rosen zu kommen, das heißt zu
Rosen, die ganz gewiß weniger, vielleicht gar
nicht mehr anfällig sind. Und wir versuchen
zu lernen, wie wir auf biologische Weise
bessere Bodenpflege erreichen und wie wir mit
mehr biologischem Fingerspitzengefühl
die Chemie zurückdrängen können. Aber die
Züchtungen, die wir hier sammeln, sind
natürlich auch deshalb in den Bestand aufgenommen worden, weil sie unter dem
Schutz der Chemie groß geworden sind, und das
macht die Sache so schwierig. Die Rose ist

also selber ganz gewiß auch nicht unschuldig
an der Problematik. Auf jeden Fall möchten wir
diesen Park gern auch durch ein bißchen
mehr angewandte Ökologie reizvoller machen.
Das sind faszinierende Aufgaben.

Ob sich das Gartenverständnis im Laufe
der letzten dreißig, vierzig Jahre geändert hat?
Aber ja, und es wird sich hoffentlich weiter
ändern. Der Garten ist weniger Repräsentation
als früher, er ist weitaus mehr das grüne
Wohnzimmer geworden, das grüne Zimmer
des Hauses. Und Spielgarten für Kinder.

Das ist sicherlich sehr weit entfernt
von den früher gelegentlich manierierten
Auswüchsen der Ästhetik, die eine oft ins Ex-
treme gesteigerte Verfeinerung suchte.
Das ist zweifellos schön, aber eben auch steril.
Interessant sind meiner Ansicht
nach die Zusammenhänge zwischen gesamt-
gesellschaftlichem Selbstverständnis und
Gartenform. In hierarchiebetonten Epochen
spielt der formale, architektonische Garten
mit regelmäßiger geometrischer Grundform
eine stärkere Rolle als der naturbezogene,
ökologische Garten. Der Garten ist eine Ab-
spiegelung des Lebensgefühls!
Der französische Barockgarten, mit seinen dem
Gärtnerdrill unterworfenen Pflanzen,
erinnert uns an den Gehorsam, auf den Militär
und Untertanen verpflichtet waren.
Dann kam die Französische Revolution und
mit ihr der englische Landschaftsgarten in seiner
ganz freien Entfaltung, da fällt die Abgrenzung
vor der Natur weg. Ursprünglich war der
Garten das Ausgegrenzte, der Natur Entzogene.
Es ist nicht von ungefähr, daß gerade
heute der englische Landschaftspark so überaus
beliebt ist.

Bel Amour, Beauté touchante: Von den Namen der Rosen

Eine der berühmtesten Rosensorten, die je gezüchtet wurde, hat gleich vier Namen, sie heißt in Frankreich *Madame A. Meilland,* in Italien *Gioia* (Freude), in Aalsmeer kommt sie unter dem Namen *Gloria Dei,* der im deutschen Sprachraum gebräuchlich ist, zur Versteigerung, in den Vereinigten Staaten heißt sie *Peace* – es war reiner Zufall, daß die feierliche amerikanische Taufe der Neuzüchtung in Pasadena auf jenen Tag fiel, an dem Berlin erobert wurde (das war der 29. April 1945). Viel später, in den siebziger Jahren, sangen John Lennon und Yoko Oono «Gloria Dei, give Peace a chance», und ob sie dabei an diese Rose gedacht haben, könnten sie wohl nur selber beantworten. Robert Pyle, ein amerikanischer Züchter, Chef der Conard-Pyle-Company, dem sein französischer Freund und Geschäftspartner, der Züchter Francis Meilland, Testmaterial geschickt hatte, schwärmte in einem Brief an seinen französischen Kollegen: «Während ich diesen Brief diktiere, hängt mein Blick voll Bewunderung an einer herrlichen Rose, deren blaßgoldene, cremigelfenbeinfarbene Blütenblätter an dem leichtgekräuselten Saum in das zarteste Karmin übergehen.»

Das war eine Beschreibung vom Anfang der vierziger Jahre. Fünfundvierzig Jahre später schwärmt Peter Beales in seinem Buch *Classic Roses* (1985, Collins & Harvill) von der gleichen Rose: «Perhaps the best known and one of the best loved roses of all time. Large, high-centred, opening cupped, sometimes delightfully ragged. Subtly perfumed, it tends to vary colour from soil to soil and even from day to day in the same garden. Most often creamy-yellow (sometimes almost golden-yellow in cooler weather), with a pinkish edging to each petal, intensifying almost to red as the flower ages. Can be rather shy at times. Beautiful deep green, glossy foliage plus a strong constitution makes this a superb rose for any garden. Unpruned in good soil much taller than the height stated.»

Auf Deutsch: «Vermutlich die bekannteste und beliebteste Rose aller Zeiten. Große, vollkommen symmetrische Öffnung, manchmal entzückend schlampig. Von feinstem Duft, neigt die Blüte dazu, ihre Färbung von Boden zu Boden, sogar von Tag zu Tag im gleichen Garten zu verändern. Meist cremiggelb (manchmal, bei kühlerem Wetter, beinah goldgelb), mit einer rosafarbenen Kante an jedem Blütenblatt, die mit zunehmendem Alter der Blüte fast ganz rot wird. Manchmal ist sie ziemlich scheu. Schön tiefgrünes, glänzendes Blattwerk und kräftiger Wuchs machen daraus eine wundervolle Rose für jeden Garten. Ungeschnitten und in gutem Boden viel höher als die angegebene Höhe» (die angegebene Höhe beträgt 90 cm). Die Passage ist ein schönes Beispiel für die hochentwickelte Kunst der Pflanzenbeschreibung.

Der Familienstammbaum dieser Teehybride läßt sich weit über hundert Jahre zurückverfolgen bis zu jenen Rosen, die die Kaiserin Joséphine in Malmaison pflanzte. Es ist eine labyrinthische Geschichte, die nur Spezialisten wirklich erzählen können. Bei den Meillands wurde *Peace* zunächst unter der schlichten Ordnungsnummer 3-35-40 geprüft, schien alle Hoffnungen zu übertreffen und wurde 1939 an die mit Meilland verbundenen ausländischen Züchter verschickt, um den nötigen Vorrat für den Verkauf heranzuziehen. Dann kam der Krieg, alle Verbindungen rissen ab, die Rose 3-35-40 wurde unter verschiedenen Namen naturalisiert, erst das Kriegsende stellte die Beziehungen wieder her.

Die Pyle-Company sorgte übrigens sofort für Sortenschutz, das war in den Vereinigten Staaten selbstverständlich. In Europa setzte sich die Anerkennung der Züchterrechte erst viel später durch, Francis Meilland war der erste, der den Einfall hatte, mit einer Rosenneuzüchtung aufs Patentamt zu gehen und dem etwas erstaunten Beamten haarklein und mit Hilfe eines klugen Anwalts nachzuweisen, daß ein Rosenzüchter den gleichen Anspruch auf Nutzungsschutz für seine Arbeit hat wie der Erfinder des Reißverschlusses. Das ist heute schon so selbstverständlich, daß es fast langweilig ist, das zu erzählen. 1950 gründete Francis Meilland die *Universal Rose Selection,* an der sich von Anfang an Rosenzüchter aus achtzehn Ländern beteiligten; es war die erste internationale Organisation für die Züchtung und Verbreitung neuer Rosen. Mit ihrer Hilfe wurde in den folgenden Jahren der Sortenschutz eingeführt, der mittlerweile unbestritten ist. 1961 wurde in Paris ein internationales Abkommen unterzeichnet, und so kann heute fast in der ganzen zivilisierten Welt jede neue Pflanze oder Blume gesetzlich geschützt werden. Damals wollten gerade die Kollegen den Nutzen dieser Einrichtung am allerwenigsten einsehen. Natürlich war es einfacher, sich zwei oder drei Pflanzen der neuen Sorte zu verschaffen und davon in großem

Stil zu vermehren, ohne sich darum zu kümmern, wer die viele Arbeit geleistet hatte, bis diese neue Sorte überhaupt handelsfähig wurde.

Wer heute in Frankreich Meilland sagt, sagt Rose. Kein Rosarium, kein Rosengarten, in dem die Züchtungen von Antoine Meilland, dem berühmten Papa Meilland (*1884), und seinem Sohn Francis Meilland (*1912) nicht zu sehen sind. Und selbst wer überhaupt nichts von Rosen weiß, kennt die geranienrote, langstielige *Baccara* des Rosenzauberers Meilland, des «magicien des Roses», die zum Stammsortiment jedes Blumenladens gehört.

Antonia Ridge erzählt auf sehr anrührende Weise und aus tiefer Verehrung die Familiengeschichte der Meillands in ihrem Buch *For Love of a Rose* (Faber & Faber, London 1956), und da gibt es jene schöne Stelle, die man in diesem Zusammenhang zitieren muß, weil man nur so einen Begriff davon bekommt, wie wichtig und wie unheimlich schwierig es ist, einen guten Sortennamen für eine Neuzüchtung zu finden. Es geht hier übrigens nicht um *Peace,* die kam erst später:

«... endlich, endlich, im Jahre 1937, acht Jahre nach jener ersten Kreuzung, konnte Francis stolz seine erste neue Rose vorstellen, eine leuchtend gelbe Rose, tief gewölbt, gefüllt, mit schönem, glänzendem Laub. Sie war sorgfältig geprüft worden, nicht nur auf den eigenen Versuchsbeeten, sondern auch auf den Versuchsbeeten anderer interessierter Rosengärtner in Frankreich und in anderen europäischen Ländern. Etliche hatte er auch zum Testen an Mister Robert Pyle geschickt, der einem unbekannten und eifrigen jungen französischen Züchter so optimistisch vertraut und ihn auf seiner denkwürdigen Reise nach

Amerika so herzlich aufgenommen hatte. Und alle Experten waren von dieser ersten neuen Rose hell begeistert.

Aber noch hatte sie keinen Namen, denn auch hier mußte man vorsichtig sein. Sie hatten treue, ihnen befreundete Kunden in anderen Ländern, und sie wußten, daß ein Name in der einen Sprache genau den richtigen Ton treffen konnte, in einer anderen aber nichts bedeutete. Oder schlimmer noch, er konnte sogar abstoßend wirken oder auch komisch.

Sage zum Beispiel zu jemandem, der Paris kennt und liebt, ‹Pigalle›, und – zehn zu eins – er wird bei diesem Namen nicht an Jean-Baptiste Pigalle, den Bildhauer aus dem 18. Jahrhundert, denken, der einige der erhabensten Monumente geschaffen hat, die man noch heute hier und dort in Paris sehen kann. Nein, für ihn beschwört das Wort ‹Pigalle› sofort jenen fröhlichen, belebten Platz in Paris herauf: ‹La Pigalle›, wo niemand gerne nachts zu Bett zu gehen scheint.

Für ihn also könnte ‹Pigalle› ein fröhlich beschwingter Name für eine fröhlich beschwingte Rose sein, aber für einen Engländer sind die ersten drei Buchstaben geradezu abschreckend: ‹Pig, Schwein! Ah, no!›

Ein anderer erinnerte sich an ‹Anitras Tanz› in ‹Peer Gynt› und meinte, ‹Anitra› sei genau der richtige Name für eine neue Rose, bis die italienischen Rosengärtner lachend protestierten: O nein, bloß nicht, dieser Name erinnert zu sehr an ‹Anatra›, das italienische Wort für Ente.» (Den Mut zum Sortennamen *Pigalle* hatten die Meillands dann eines Tages doch. *Pigalle* ist eine aparte Floribundarose von 1984!).

Damals zeigte ihnen der amerikanische Freund Pyle zum ersten Mal, wie man sowas drüben macht: «Mister Pyle hatte jene goldgelbe französische Rose unter dem Gedröhn sämtlicher Werbetrommeln und unter dem Namen ‹Golden State› auf den amerikanischen Markt gebracht – einem Namen, der ihnen nicht einmal im Traum eingefallen wäre. Und im Triumph wurde sie zum offiziellen Wahrzeichen der großen internationalen Ausstellung von San Francisco gewählt.»

Und wie fing das überhaupt an? Der erste, der in Deutschland eine Rose taufte, die er offenbar auch gezüchtet hatte, war der Hofgärtner des Landgrafen Friedrich II. von Hessen (1760–1785), Daniel August Schwartzkopf. Er wurde von seiner Durchlaucht 1766 auf Empfehlung des Herrn von Veltheim aus Harbke bei Helmstedt angestellt. Herr von Veltheim genoß das Vertrauen des obersten Landesherrn, ihm gehörte die damals größte deutsche Baumschule, er lieferte selbstverständlich auch nach Kassel, er besaß Fachautorität. Herr Schwartzkopf war bei ihm ausgebildet worden, hatte aber auch schon bei Philip Miller in Kew Garden bei London gearbeitet, auch Herr Miller (1691–1777) war ein anerkannter Experte in seinen Tagen. Er war von 1722 bis 1770 Kurator des Londoner Botanischen Gartens und berühmt für die Verläßlichkeit der Beschreibungen von Varietäten, die damals herangezogen wurden. Sein *Gardener's Dictionary* erschien 1731 zum ersten Mal, wurde sieben Mal revidiert und nachgedruckt und ins Holländische, Deutsche und Französische übersetzt. Er brachte 1768 die *Rosa virginiana-Hybride St. Mark's Rose* aus Nordamerika nach England.

Die zweite Hälfte des achtzehnten Jahrhunderts, das Zeitalter der Aufklärung, der Vernunft, Wahrnehmung der Natur und das Vertrauen in die gestaltenden Kräfte des Menschen, Goethe beschäftigte sich mit Naturwissenschaften, war der Urpflanze auf der Spur und betätigte sich schreibend als Gartenarchitekt, wohlwissend, daß die Tage des französischen Gartens mit seinem geometrischen Layout und den auf Form geschnittenen Hecken und Bosketten gezählt waren. Der «Garten», in dem Schwartzkopf arbeiten sollte, war bereits 1744 nach einem Plan des Münchner Hofarchitekten François de Cuvilliés d. Ä., einem Schüler Jacques François Blondels, angefangen worden, das war noch reines Rokoko, nach 1760 wurden die Arbeiten eingestellt, möglicherweise aus Verdruß darüber, daß hier etwas entstehen sollte, was schon auf dem Papier der Pläne veraltet war. Reichhaltige Wasserkünste und eine Vielzahl intimer Heckenräume sollten seinen Charakter bestimmen.

Schwartzkopfs Arbeit war nun vor allem, diese unfertige Parklandschaft des Fürstlichen Lustschlosses Weißenstein nachzurüsten. Das tat er mit großem Erfolg. Das Taschenbuch für Gartenfreunde von W. Gl. Becker (Weimar 1783) enthält auch ein Verzeichnis der lieferbaren Pflanzen der Baumschule Weißenstein, und das ist gerade jene Baumschule, die Schwartzkopf als erstes einrichten durfte, als er seine Stelle antrat, weil er Serenissimus klarmachen konnte, daß es wirtschaftlicher sei, den Pflanzenbedarf selber nachzuziehen und gleichzeitig davon zu verkaufen. Genug, bei Becker heißt es: «Außer diesen Bäumen und Sträuchern besitzt Herr Schwartzkopf eine der reichsten und ausgesuchtesten Sammlungen von Rosen.»

Natürlich besitzt der arme Herr Schwartzkopf gar nichts, der Herr besitzt. Aber Schwartzkopf teilte seine Liebe für Rosen mit ihm, und so durfte der Park Weißenstein reich mit Rosen ausgepflanzt und durchsetzt werden. Zeitgenossen berichten von 150 Sorten in 49 Arten und davon, daß Herr Schwartzkopf seit zwölf Jahren «von vielen hier befindlichen Arten ausgesäet und davon manche merkliche Abart erhalten».

Am Ende des Jahrhunderts wurde der Park parallel zur Errichtung des Schlosses Wilhelmshöhe endgültig zum Landschaftsgarten umgestaltet, aber die Rosensammlung blieb dank der Baumschule zunächst erhalten, mindestens solange die Baumschule erhalten blieb, und das war immerhin bis um das Jahr 1870. Dann wurde sie aufgelöst, und damit wurde auch die Grundlage für die ständige Erneuerung des Bestandes im Park zerstört. Die Rosensammlung ging bis auf einzelne Exemplare verloren.

Herr Schwartzkopf züchtete also. Freilich darf man sich «züchten» nicht so vorstellen, wie das heute geschieht. Professionelle Rosenzüchter wissen heute genau, was sie wollen, sie suchen die Eltern dementsprechend aus. Das war erst möglich, nachdem man die Gesetzmäßigkeiten der Vererbung erkannt und verstanden hatte. Zu Zeiten des Herrn Schwartzkopf hatte man gerade erst begriffen, daß Pflanzen überhaupt geschlechtliche Wesen sind. Neue Sorten ergaben sich damals aus Zufallskreuzungen oder durch sprunghafte Veränderungen der Eigenarten (Mutationen).

So müssen wir uns die Entstehung oder vielleicht besser noch den Fund der *Perle* denken. Aber eines Tages war sie nun einmal da, Schwartzkopf mußte zu Taufbecken oder Champagnerflasche greifen: *Perle von Weißenstein* hieß fortan die erste deutsche Zuchtrose – «Zucht» in Anführungszeichen. Herr Schwartzkopf dürfte das alles kaum gewußt haben, jede Rose hatte einen Namen, woher er kam, war eine Sache für Historiker und Botaniker, und das auch erst viel später. Das Büchlein *Die Rosensammlung zu Wilhelmshöhe* (herausgegeben von dem Rosenkreis Kassel des Vereins Deutscher Rosenfreunde und dem Verein Roseninsel Park Wilhelmshöhe, 2. Aufl., Kassel 1984), in dem Hedi und Wernt Grimm (siehe auch *Alte Rosen und Wildrosen*, Ulmer Verlag, Stuttgart) die Geschichte der ganzen Anlage mit Liebe und Genauigkeit erzählen, meldet die *Perle von Weißenstein* heute im Quartier VA der seit 1978 in müh- seliger Fronarbeit neu angelegten Rosen- pflanzung Park Wilhelmshöhe:

«*Rosa gallica-H*. Hier im Park vor 200 Jahren entstanden, 1978 wiedergefunden. Abb. bei Pinhas. Früher weit verbreitet und in vielen Verzeichnissen. Rosenrot mit purpurner Mitte, gefüllt, einmalblühend, sehr wetterempfindlich, Blüten verkleben bei Regen. Wuchs kräftiger hoher Strauch. (Wurzelecht, aus Stecklingen vermehrt).»

«Abb. bei Pinhas», das heißt: Der Rosenmaler Salomon Pinhas hatte die *Perle von Weißenstein* gemalt, sie gehört zu den 134 Rosenaquarellen, die der 1759 in Bayreuth geborene, seit 1788 in Kassel beschäftigte deutsche Hofminiaturmaler im Auftrag des Fürsten Wilhelm I. anfertigte. Das 1815 datierte, einzige, bisher nicht veröffentlichte, Ende der siebziger Jahre überhaupt erst wiederentdeckte Exemplar liegt in der Schloß-

bibliothek Wilhelmshöhe. Und der berühmte Redouté (*Les Roses,* Paris 1817 ff.) kannte die *Perle von Weißenstein* auch (vermutlich aus dem Rosengarten der Kaiserin Joséphine), bei ihm wird sie, zwar abenteuerlich verballhornt, aber immerhin als *R. provins perle de Veisseuslein* erwähnt.

Die *Perle* hatte also einen Steckbrief, und so konnte sie gesucht und wiedergefunden werden. Aber das ist eine andere Geschichte.

Herr Schwartzkopf aber züchtete weiter und mußte also auch weiter taufen: *Belle de Weißenstein, Pourprée de Weißenstein, Rose Petite Hessoise, Rose Centifolie de Hesse* sind vermutlich ihm zu verdanken. Furchtbar viel Phantasie beim Namengeben hat er freilich nicht aufgebracht. Das Problem, das die Meillands hatten, war einfach noch nicht seines, und außerdem ist nicht jeder Gärtner gleich auch noch Dichter.

Weshalb aber plötzlich nur noch französische Namen? Fand Herr Schwartzkopf das modischer? Vermutlich hatte er mit der Romanisierung des Rosenbestandes in Weißen- stein (oder Wilhelmshöhe, wie der inzwischen kurfürstlich aufgewertete Hof nun hieß) schon gar nichts mehr zu tun, vermutlich wurden die ursprünglich deutschen Namen einfach übersetzt. Salomon Pinhas arbeitete seit 1806 an seinen Rosenaquarellen. 1807 nahm Jérôme, der Bruder Napoleons, als König von Westfalen (im Volksmund der «Bruder Lustig») Wohnsitz in Schloß Wilhelmshöhe (bis 1813), da war die Umgangssprache in der Küche hessisch und bei Tisch französisch. Aber Pinhas konnte seine Arbeit fortsetzen und zu Ende führen. Und was Pinhas malte, läßt sich Blatt für Blatt mit dem zeitgenössischen

Baumschulkatalog vergleichen, in dem der ganze Rosenbestand verzeichnet war, da wissen wir also, daß ihm keines fehlet.

Die Beziehungen unter den Liebhaberinnen und Liebhabern von Rosen waren eng, ihre Neugierde war kräftig entwickelt. Jérôme residierte in Kassel, in Malmaison residierte seine Schwägerin, die Kaiserin Joséphine Bonaparte, ihr Rosenschloß war das allerberühmteste. In ihren Gärten wuchsen unter der Obhut ihres Gärtnermeisters André Dupont (der als erster Handbestäubungen ausgeführt haben soll) über zweihundert Rosensorten, wenn die Rechnung stimmt, die Jules Gravereaux nach 1900 angestellt hat. An die zwanzig Jahre später (1929) führt der französische Rosengärtner Desportes übrigens schon 2562 Rosensorten in seinem Katalog, die Franzosen waren führend in der Züchtung, ihnen verdanken wir die ersten Remontant-Rosen (1837), die ersten Teehybriden (1867), die ersten Polyantha-Rosen (1875). Zurück nach Malmaison: Vierzehn der Sorten, die Redouté dort malte, sind namensgleich mit jenen, die Pinhas zur ungefähr gleichen Zeit in Kassel gemalt hat. Rosen reisten, und wie die Rosen reisten, lesen wir in einem Brief, den Catherina, die Frau von König Jérôme von Westfalen in Kassel, am 5. November 1809 an ihre Schwägerin Joséphine in Malmaison schrieb:

«Der König, liebe Schwester, konnte die Rosen nicht mitnehmen, weil die Eile der Abreise, den Aussagen der Gärtner nach, den Pflanzen geschadet hätte. Ich lasse sie heute an die Anschrift von M. de la Valette senden, der sie Ihnen übergeben wird.»

Wenn es übrigens heißt, Gravereaux habe den Rosenbestand nachgerechnet, dann deshalb, weil auch der Rosengarten von Malmaison nach Joséphines Tod (1814) dem Verfall preisgegeben war und verlorenging. Fast ein Jahrhundert später bemühte sich Jules Gravereaux, nachdem das Schloß 1903 in Staatsbesitz übergegangen war, das Rosarium wieder aufzubauen. Er wies nach, daß Joséphine unter anderem an Sorten 167 Gallicas, 27 Centifolien, 22 Chinarosen, 9 Damaszener und 8 Rosa Alba in ihrem Garten hatte, und Gravereaux fand ungefähr zweihundert davon, die noch kultiviert wurden. Seine Rekonstruktion des Rosariums konnte den Glanz des Originals nie erreichen, sein Sortenverzeichnis blieb notwendigerweise akademisch (J. Gravereaux, *Les Roses de L'Impératrice Joséphine,* Paris 1912). Wenn man besser verstehen will, wie eine Rosensammlung damals aussah, ist es einträglicher, nach L'Hay les Roses zu gehen, wo Gravereaux seine Funde aussetzte, oder in einen der anderen Rosengärten in der Umgebung von Paris. Kenner preisen den Rosengarten des Schlößchens Bagatelle westlich des Bois de Boulogne, das seit 1905 der Stadt Paris gehört. Seit 1907 gibt es hier jährlich den *Concours International des Roses nouvelles de Bagatelle,* einen Wettbewerb also, bei dem die teilnehmenden Rosen vielleicht 3-35-40 heißen, einen Namen haben sie noch nicht. Die in der Anlage ausgepflanzten Rosen sind indessen alle mit Namen und Züchter und Einführungsjahr bezeichnet.

Der Garten der Kaiserin Joséphine in Malmaison war vor allem Anreiz und Impuls für die nun in großer Zahl auftretenden Züchter, die Rosenschulen im großem Stil aufbauten und Frankreich im neunzehnten

Jahrhundert zur führenden europäischen Rosennation machten.

Ich habe mich über den guten alten Schwartzkopf und seine trockene Namensgebung ein bißchen lustig gemacht. Wie aber hießen denn die Rosen, die von Malmaison nach Kassel gekommen waren? Hatten die französischen Kollegen des Herrn Schwartzkopf mehr Phantasie? O doch! Ihre Rosen hießen *Beauté Touchante* und *Belle Parade, Belle sans Flatterie* und *Couleur de Chair, Feu amoureux* und *Nouvelle Blanche, Nouvelle Gagnée* und *Illustre* und *Incomparable,* und da zeigt sich schon ein bißchen was von der Lust, mit einer Blume zu flirten, Koketterie mischt sich hinein, ein Hauch Erotik, und damit sind wir ganz dicht an der mittelalterlichen Geschichte der Rose, die in bemerkenswertem Nebeneinander Symbol für die Vollkommenheit der reinen Muttergottes ebenso war wie erotisches Spielwerk. Wenn ich beim Schreiben festsitze, lasse ich mir von meinem Computer das Spiel «Camelot» auf den Bildschirm zaubern. Da stehen die Drei, der dunkle Ritter Lancelot, King Arthur und neben ihm die blondbezopfte, rank und schlank im Körper gedrehte, vollbusige Gwenhyver, und was hebt sie an ihre Lippen? Eine vollerblühte rote Rose. Und wo nimmt, 30 000 Bytes weiter, der streitbare fahrende Ritter von der schönen Dame Abschied? Selbstverständlich in einem üppig blühenden Rosengarten!

Aber im Ernst, woher bekommen die Rosen ihre Namen? Von Männern meist, keine Frage. Die Rosen, die sie züchten, werden zu Bedeutungsträgern, ihre Namen bezeichnen die Beziehung zwischen Mensch und Rose, die festgeschrieben werden, oder die Bedeutung, die einem Schöpfungsakt zugemessen werden soll. Manchmal ist es dankbare Hommage, manchmal sind es platte Schmeicheleien, von denen die Rosenväter sich Vorteile erhoffen, manchmal wollen sie mit Namen Eindruck schinden, aber am häufigsten und auffallendsten sind doch die offenen oder versteckten erotischen Anspielungen, die der Rose als der Blume der Liebe gelten. Blättern wir ein bißchen in den Rosenkatalogen, in den Indices der Rosenbücher. Da sollen wir uns erinnern an:

Dichter und Komponisten: Alexandre Dumas, Conrad Ferdinand Meyer, Goethe, Omar Khayyam, William Shakespeare, Spencer, Händel.

Ballett, Tanz, Oper: Snow Ballet, Danse de Feu, Ballerina, Danse des Sylphes, Swan Lake, Coppelia, Carmen, Madame Butterfly.

Dichtung: Amadis, Blanchefleur (Artussage), Daphne (griech. Halbgöttin), Wife of Bath (Chaucer), Belle de Crécy, Chloris (Schäferschönheit der Barocklyrik), Leda, Penelope, Minehaha, Robin Hood.

Erotik: American Beauty, Bella Rosa, Bel Amour, Belle Isis, Buff Beauty, Hebe's Lip, Maiden's Blush, Teeny Weeny, Cuisse de Nymphe, Danaë, Debutante, Eva, Mermaid, Schoolgirl, Spanish Beauty, Village Maid, White American Beauty, Hero oder auch ganz direkt und ohne Umschweife Erotika (Tantau, 1968).

Claire Rose. Aus dem Hause Austin stammt sie, cremeweiß und gefüllt blüht sie.

Wir sind in Villandry
in der Touraine, nicht weit von
Tours. Das Schloß, das wir
hier tief bewegt betrachten, ist
das letzte der großen Schlösser,
die an den Ufern der Loire
gebaut wurden. 1563 war es
fertig. Der Garten dauerte etwas
länger, dafür kann er sich
immer noch sehen lassen. In
Villandry sind sie sehr stolz auf
die weitläufigen Gemüse-
gärten, die allerlei Geschichten
erzählen, da dürfen auch
hochstämmige Rosen ein
bißchen mitschwatzen. Der
hochstämmige Rosenstock
im Winkel eines Beetes zum
Beispiel muß einen Mönch
darstellen, der ein Beet umgräbt.
Wenn das keine ungewöhnliche
Rollenbesetzung ist! Die
französischen Gärtner des
sechzehnten Jahrhunderts hatten
ganz neue Ideen (sie kamen
aus Italien) bei der Verbindung
von Nutz- und Ziergarten,
der schmückende Gemüsegarten
war erfunden, und uns darf
es, weil es genau der Stilstufe
entspricht, mit Recht sehr,
sehr manieristisch vorkommen.

107

Hans-Ulrich Wenger-Mohler ist Antiquar in Basel. Hier steht er freundlich
und aus gutem Grund ein bißchen stolz lächelnd in seinem Laden am Rheinsprung
und zeigt uns ein sehr schönes Blumen-Aquarell mit der Signatur ED.
und der Jahreszahl 1827. Wir erkennen unschwer, daß die Rose in der Vase sitzt
wie eine Königin auf dem Thron, und die Entourage aus Nelken, Astern, Narzissen,
Stiefmütterchen, Vergißmeinnicht drumherum steht wie die Dienerschaft bei
Hofe. Möchten Sie gerne Narzisse sein?

Es gibt nicht viele Maler, die von so vielen Menschen gekannt und geschätzt
werden wie Pierre Joseph Redouté (1759–1840), der Aquarellist und Lithograph der
Könige und Kaiser, der so leidenschaftlicher Pflanzenmaler war, daß man
ihm den Beinamen «Raffael der Blumen» gab. Während über vierzig Jahren illustrierte
er beinahe alle bedeutenden botanischen Werke, die in Paris veröffentlicht wurden.
Er unterrichtete Marie Antoinette, war königlicher Kabinettmaler, später ernannte
ihn die Kaiserin Joséphine Bonaparte zu ihrem Blumenmaler. Les Roses,
das bekannteste Werk Redoutés, wurde von 1817 bis 1824 gedruckt und verlegt.
Wie genau Redouté arbeitete, läßt sich an einem Beispiel daraus studieren:
«Rosa inermis, Rosier Turbine sans épines» schrieb er unter dieses Aquarell. (Rechte Seite)

Niemand wird sich über
dieses Bild wundern.
Wer in einem Buch über Rosen
blättert, darf mit Recht
erwarten, die Rose auch einmal
aus beherrschender Perspektive
zu sehen. Wenn die Rose
die Königin ist, ist es nur richtig,
daß ihr ein ganzes Schloß
dient und nicht umgekehrt.
Hier dient einer ganz
unbekannten Rose ein ganz
bekanntes Schloß, es ist Schloß
Karlsruhe, Gartenfreunden
eine vertraute Anlage.

111

Rechts *ein Sammelstück, unter dem Kenner immer sofort nach den
gekreuzten Degen (für Meißen natürlich) suchen. Nicht vergebens. Der Silberrand
ist ein bißchen abgebraucht, aber das Dekor ist unbeschädigt, und die Rosen
im Fond blühen wie am ersten Tag. Wann war der? Wir haben den Teller ohne
Kenner, das ist immerhin besser als umgekehrt.*

*Mme Pierre Oger, Bourbonrose, hervorragender Kletterer, Vedier 1878.
Ein Sport von La Reine Victoria. Blaß silberrosafarbenes, durchscheinendes
Blütenblatt, süß duftend.*

Das ist ein *Coffret à extraits* – ein Köfferchen, eine Schatulle
*(zu sehen in der Parfumerie Fragonard in Grasse) mit Essenzfläschchen
aus der Zeit zwischen 1820/30, aus der die abgebildete
Dame sich je nach Gelegenheit und Notwendigkeit gern mit unter-
schiedlichen Düften bediente. Die Dusche gehörte noch längst
nicht zum Tageslauf, dem Gebrauch von Wasser und Seife wurde oft
der Gebrauch von Essenz und Parfum vorgezogen.
Wir sehen die Vorteile dieser Form von Kultur. Die Plastikflasche
mit Shampoo, das Papier um die Seife, Stoff für Umweltschützer, nicht
für Ästheten.*

*Surpasse tout (Cérisette la Jolie), Rosa gallica, 1832.
Blüte dunkelrosa bis hellkirschrot mit grünem Auge, stark gefüllt,
flach. Das hier abgebildete Exemplar ist auf der Insel Mainau
zuhause. Besuch jederzeit und ohne Voranmeldung.* (Rechte Seite)

Links Rosa henryi, China 1907.
Die weißen Blüten stehen
dicht und blühen von früh bis in
die Mitte des Sommers, dann
tragen die kräftigen Büsche oder
Kletterer kleine runde, dunkle,
rote Hagebutten. Daneben die
Blüte der Rosa gallica pumila –
das ist die Urform aller Gallica-
Hybriden. Ihr haben die
Nachkommen – und wir – den
wundervollen Duft zu verdanken.
Die Nachkommen, das sind
die Rosen, die wir landläufig als
alte oder antike Rosen be-
zeichnen. Sie kommen natürlich
nicht aus der Antike, sie kommen
aus dem 19. Jahrhundert. Sie
gehören zu den ersten Ergebnissen
bewußt vorgenommener
Züchtung, also der Kreuzung
verschiedener Rosensorten.
Daraus gingen hervor, was heute
wieder so gefragt ist, die
Damaszener und Moschusrosen,
die Moosrosen, die Bourbonrosen,
die englischen Rosen und so weiter
und so fort. Hundert Jahre lang
wurden alle Möglichkeiten
ausgereizt, dann änderte sich die
Mode, Rosenliebhaber wollten,
sozusagen, die Rose des 20. Jahr-
hunderts. Jetzt, am Ende dieses
Jahrhunderts, ist die Sehnsucht
nach den wundervollen Blüten-
formen, den zarten Farben, den
herrlichen Düften wieder
erwacht.

Rechts Mme Jules Gravereaux,
Teehybride, 1901. Blüte duftend,
gedeckt pfirsichfarben, mit
lachsfarbenem Fond, öfterblü-
hend. Wir haben ihre Bekannt-
schaft schon früher in diesem
Buch gemacht (siehe Seite 11).

Aus der Rosenschule geplaudert: Auge um Auge

1946 hatte er ausgelernt und durfte sich nach dem üblichen Fachjargon Baumschulist nennen. Dann ging er drei Jahre auf Wanderschaft, arbeitete – und lernte – in Frankreich und Deutschland. 1946 kaufte sein Vater Richard Huber, von Haus aus Landwirt und passionierter Obstbauer in Hägglingen, ein weitläufiges Gelände in Dottikon-Rothenbühl, aus der Liebhaberei sollte Ernst werden. Die ganze Familie half damals mit, das neue Land für die Baumschulkultur vorzubereiten. Das erzählt die mittlerweile schon zu fester Form geronnene Gründungslegende der Baumschulen Huber in Dottikon.

Richard Huber jun., der zweite Richard in drei Generationen, wollte noch etwas mehr. Er hängte den Wanderstab an den Nagel und fing mit Rosen an. Das war 1949. Er kaufte Wildlinge, beschaffte sich Edelreiser und bot im ersten Jahr zehntausend Jungpflanzen in zwanzig Sorten an. Im nächsten zwanzigtausend. Im darauffolgenden dreißigtausend und so weiter, am Ende waren es 340 000, die Jahr für Jahr veredelt wurden. «Huber Dottikon» war eine erste Adresse für Gartenbauer, Pflanzenhändler, Gartencenter und, nicht zuletzt, für die Gartenbauämter der Stadtverwaltungen, die Pflanzplatz haben und Liebe zu Rosen.

Inzwischen hat sich das ein bißchen eingependelt. Die Sortenauswahl ist etwas größer, heute verzeichnet ein Huber-Katalog an die tausend (das muß man sich vorstellen!) Sorten, veredelt werden jährlich von der Firma Huber, in der inzwischen die vierte Generation

mitwirtschaftet, an die dreihunderttausend Wildlinge – *rosa canina, multiflora, laxa.* Ungefähr die Hälfte werden als verkaufsfähige Pflanzen geerntet. Der Chef ist streng, er wünscht scharfe Sortierung. Natürlich, erklärt er mir, kann man die Erfolgsrate steigern, vielleicht bis auf sechzig oder fünfundsechzig Prozent, aber das ginge auf Kosten der Qualität, und das läßt der Huber-Ehrgeiz nicht zu.

Wir erinnern uns: Im Frühling kommen die bei Spezialfirmen gekauften Wildlinge in den Boden. Im Juli, August werden sie veredelt. Im Oktober des darauffolgenden Jahres wird geerntet, die Felder werden abgeräumt. Die Pflanzen kommen ins Kühlhaus, bis Ende April können sie verkauft werden. Und was bis dann nicht verkauft ist? Wie lange kann man Jungpflanzen aufheben? Was bis dann nicht verkauft ist, wird Augustfeuer, sagt Herr Huber sarkastisch.

Er sitzt mir gegenüber in einem hellen Büroraum, hinten surrt periodisch eine Rechenmaschine, auf dem Fußboden krabbelt ein vergnügtes Enkelkind. Richard Huber ist sachlich, direkt, unumwunden, er ist nicht unfreundlich, aber auch nicht gerade schwärmerisch begeistert über seinen Besucher, er ist froh, wenn es schnell geht. Das Angebot richtig zu streuen, ist vermutlich die Kunst, erklärt er mir, aber niemand weiß vorher, was die Leute wirklich haben wollen. Manchmal hat man Glück, manchmal Pech. Wonach richtet sich denn der immer wieder auftretende Geschmackswandel? Das weiß er auch nicht. Er erinnert sich der großen Schübe, in den fünfziger und sechziger Jahren mußten Rosen knallrot sein, in den achtziger Jahren wurde helles Rosa wieder modern, Ende der achtziger durften Rosen auch schon wieder mal weiß sein, die Palette verbreitete sich, Pastellfarben wurden gefragt, bei alledem blieb der Generalbaß freilich unüberhörbar, schöne rote Rosen waren immer gefragt, nur so knallig wie früher sollen sie nicht mehr sein. Er vermutet, daß die wechselnden Wünsche der Kunden wirklich etwas mit Mode zu tun haben, Möbel, Stoffe, Styling, was die teuren Zeitschriften bringen, manchmal braucht da nur eine Sorte erwähnt zu werden, schon ist sie ausverkauft. Nur, was die schnellwechselnden Moden angeht, da sind Rosenschulen, wenn sie mithalten wollten, natürlich immer zwei Jahre zu spät.

Bei den alten Rosen, denen seine besondere Zuneigung gilt, ist das anders, wenngleich nicht weniger unsicher. Viele vergessene Rosenarten sind in den letzten Jahrzehnten von Huber nachgezogen worden. In seinem Schaugarten gehen die wirklichen Liebhaber spazieren, sitzen auch mal da mit dem Aquarellkasten oder fotografieren die Stars seiner Sammlung. Die ist groß, sie darf für sich in Anspruch nehmen, eine der größten auf dem Kontinent zu sein. Aber warum bekomme ich nie die Sorten, die ich im Katalog gefunden und nach Katalog bestellt habe? Warum macht er nicht mehr davon?

Das hat mit dem Veredeln zu tun, es hat mit den Preisen zu tun. Richard Huber plaudert aus der Rosenschule: Von den alten Sorten veredeln wir durchschnittlich je fünfzig Stück. Manchmal werden dann von einer Sorte drei Stück verlangt, von einer anderen hundert, mal habe ich zu wenig, mal zu viel, aber ich weiß es nie vorher. Im Frühjahr werfe ich den Rest weg oder ich habe fünfzig zu wenig gehabt. Wenn eine der kuranten Sorten bestellt wird, sagen wir *Lilli Marleen,* und ich habe nicht genug, kann ich bei Kollegen nachbestellen, wir helfen uns da gegenseitig aus. Alte Rosen habe aber nur ich.

Alte Rosen sind aufwendig. Wenn sechs Gärtner veredeln, dann teilen sie eine Reihe von tausend Wildlingen unter sich auf, in drei Stunden sind sie damit fertig. Fünfzigstückweise aber bei den alten Rosen, da fangen sie immer wieder von vorne an, das dauert alles dreimal so lange, alles ist umtriebiger, das Etikettieren dauert länger, das Verpacken dauert länger, das kostet alles. Aber über Kosten darf man sowieso nicht reden. Unsere Rosenpreise in der Schweiz sind ja nicht wirklich kalkulierte Preise, es sind eigentlich Kampfpreise, mit denen wir uns gegen die Billigimporte zu behaupten versuchen. Uns laufen die Lohnkosten davon, wir können aber den Betrieb nicht weiter mechanisieren, zum Okulieren brauche ich immer den Gärtner, der geduldig und sicher und schnell Auge um Auge einsetzt, aber er kann es eben nicht schneller, als es immer ging. Wie lange wir das überhaupt noch machen können, weiß ich gar nicht. Mit englischen und alten Rosen geht es da eben noch an, weil wir da keine Konkurrenz haben.

Geht die In-vitro-Methode zum Vermehren nicht schneller, ist sie nicht billiger? Fünf, sechs Jahre lang hat er es selber versucht, aber die Erfahrungen mit Edelrosen und Floribunda waren nicht ermutigend, mit Teehybriden ging es ganz schlecht. Außerdem ist diese Vermehrungsmethode weder schneller noch billiger, eher aufwendiger und teurer, sagt der Experte. Trotzdem bezieht er jährlich etwa zwanzigtausend Jungpflanzen von einem der drei in der Schweiz tätigen Speziallabors. Für die Meristem- oder die In-vitro-Vermehrung sind Voraussetzungen nötig, die nur ein Labor hat. Und warum dann überhaupt? Die Jungpflanze ist erstens sortenecht, sie steht auf eigenem Fuß und nicht auf einem Wildling als Unterlage. Das bedeutet, daß es keine Wildlingsaustriebe gibt, die besonders bei Bodendeckerrosen ganz unangenehm sind. Zweitens sind die Jungpflanzen garantiert gesund, das heißt vor allem virusfrei. Und drittens kann man rasch große Zahlen produzieren.

Wie löst eine Rosenschule das Problem der Bodenmüdigkeit? Das wissen ja auch wir Laien, daß man Rosen nicht da pflanzt, wo vorher schon Rosen standen. Eine Rosenschule pflanzt aber unentwegt neu an. Wieviel Ackerland braucht denn da eine Rosenschule? Die Antwort ist einfach genug: Wir tauschen fortlaufend Land mit den Bauern. Die Rosenfelder verteilen sich über die ganze Gegend, die weitesten sind vierzig Kilometer von hier entfernt. Das hat bis heute gut funktioniert, die Bauern wissen, daß die Rosenmüdigkeit nur Rosen betrifft. Die aber müssen lange warten, bis sie auf den gleichen Acker zurück dürfen. Nach dem ersten Rosenanbau drei Jahre, nach dem zweiten schon sieben Jahre, nach dem dritten zehn. Den ganzen Landstrich überzieht also gewissermaßen ein zweites Katasternetz mit Nutzungskennzeichnungen von unverbraucht bis völlig verbraucht.

«Huber Dottikon», das ist auch ein guter Name in Züchterkreisen. Seit 25 Jahren betreibt Richard Huber, heute zusammen mit seiner Tochter, das anspruchsvolle Hobby, und er betreibt es mit Erfolg. *Lady Di* zum Beispiel, mit einer Blüte in ganz zartem, feinem Rosa, von feinem Duft, eine kräftige Schnittrose aus der Familie der Teehybriden, errang für ihren Züchter 1981 bei ihrem ersten Auftritt in Den Haag eine Silbermedaille, in Genf das Diplôme de Médaille d'Or et Prix de la Ville de Genève, in Lyon das Certificat de Mérite und die Bronzemedaille an der Bundesgartenschau in Stuttgart. Zu den Huberschen Stammsorten gehören längst auch die Eigenzüchtungen *Black Night* von 1975, *Circus Knie* aus demselben Jahr, auch *Rapperswil,* eine Hommage an die Rosenstadt am Zürichsee, im gleichen Jahr, es war eine goldene Ernte, zehn neue Rosensorten mit dem Copyrightzeichen hinter ihrem Namen konnten damals dem Handel übergeben werden. Die Kette riß aber nicht ab, *Dorothea Furrer* kam 1979, *Schweizer Woche* 1989, mit einem auffallenden Teerosenduft, wie der Katalog genau und stolz meldet. Die Mühe lohnt sich also? Die Mühe lohnt sich. Wer Rosen mit Augen und Nase genießen möchte, der muß im Juni, im Juli, im August in dem Schaugarten herumwandern, der in langen Jahren entstand.

Rosenpensionat, holländisch: Meet Anita!

Eine Rosenzüchterei in Aalsmeer. Anita sieht entzückend aus. Aber möchten Sie eine Dame zu Tisch bitten, die sich ihre Nahrung von einer digital gesteuerten Dosiermaschine servieren läßt? Ein Hydrocomputer läßt Anita das Fertigmenu von einem Pumpwerk aus zehn Mal am Tag sozusagen vor die Füße legen. Nur essen muß sie selber. Auch warm gehalten wird sie von ihrem Dienstpersonal, an alles ist gedacht. Mit den ausgefeiltesten technischen Tricks wird die Temperatur für Anita Tag und Nacht auf 22 Grad getrimmt, das hat sie am liebsten, egal, ob Sommer oder Winter. Und wenn uns auch die Küche so langweilig vorkommt wie eine tibetanische Gebetsmühle, sie ist eben wahnsinnig gesund. Man kann das leicht herausfinden, man kann eine Großmutter von Anita ins chemische Labor bringen, dort wird die Großmutter getrocknet, zu Pulver gemahlen, das Pulver wird analysiert, und wenn die Großmutter gesund und munter war, dann weiß man, was Anita braucht, um gesund und munter zu sein. Das ist einfach genug. Anitas Bedürfnisse sind übrigens nicht besonders entwickelt. Sie ist zufrieden mit Kalicarbonat und Ammoniumnitrat; Kaliphosphorcarbonat und Magnesiumnitrat sind auch dabei, Kalksalpeter, Kalsalpetersäure und Kalischwefelsäure dürfen nicht fehlen, backe, backe Kuchen, der Bäcker hat gerufen.

Trotzdem erinnert Anita an eine aufblühende junge Ballerina im Tutu, sie ist zierlich, schmal und zartweiß. Dabei schläft sie viel zu wenig, zwei, drei Stunden in der Nacht, vor vier Uhr morgens macht sie kein Auge zu. Vielleicht würde sie gern schlafen, das wissen wir nicht, aber sie darf nicht. Wenn es draußen dunkel wird, wenn wir Menschen uns behaglich einhüllen in die sanfte Dämmerung eines frühen Winterabends, wird Anita in kräftigem gelben Licht gebadet, die ganze Nacht hindurch. High Pressure Sodium, auf deutsch Natriumdampf, unter Fachleuten heißt die Lampe *Philips Son-T Plus 400 W,* und da, wo Anita zu Hause ist, unter Tausenden von Geschwistern, die alle gleich heißen, hängt alle Meter so eine Lampe. Auch die Tage der *Son-T Plus* sind gezählt, die ersten Erfolgsmeldungen der neuen

Philips *Son-T Agro* (mehr Blau im Spektrum) kommen gerade, eine Lampe, die für Rosenkulturen entwickelt wurde, und gleich lerne ich noch hinzu, daß auch der Gehalt von CO_2 (also Kohlendioxyd) in der Luft gesteuert ist (800–1000 ppm) und daß die neue Lampe die CO_2-Stabilität erhöht.

Wenn man an dunklen Winterabenden oder Frühlingsnächten durch das holländische Tiefland fährt, an Aalsmeer, De Kwakel, Rozenburg vorbei, nach De Hoek, Rijnsburg oder Valkenburg und so fort bis nach Poeldijk und Naaldwijk, De Lier, Monster oder Maasdijk, sieht man, wo Anita wohnt. Geheimnisvoll gelb leuchtende, riesige Glashäuser stehen in der Landschaft, sanft und warm strahlende Lichtburgen. Über achttausend Gärtnereibetriebe gibt es in Holland, und in vielen von ihnen wohnt Anitas schöne Familie.

Denn Anita ist eine Rose, eine holländische Gewächshausrose, die für ihren Besitzer arbeiten muß. In knapp acht Wochen wird aus einem zarten Rosensämling eine Pflanze hochgetrieben, die zu blühen anfängt. Mit Argusaugen wird sichergestellt, daß niemand sich an Anita vergreifen kann. Aus gleichmäßig verteilten Büchsen dunstet Schwefel, denn Mehltau würde grauweiß und puderartig Blätter, Triebe und Knospen überziehen. Sternrußtau, Rosenrost, Rußtau, Blattfleckenkrankheit heißen die gefürchteten Pilzkrankheiten, die mit Fungiziden bekämpft werden. Eulenraupen und Rosenblattwespen, Miniermotten und Blattläuse, selbst die Blattroll-Rosenblattwespen fänden es herrlich, wenn sie mal ungestört an Anita ran dürften, aber dann wäre Anita zu nichts mehr zu brauchen und müßte auf dem kürzesten Wege auf den Komposthaufen. Das wäre zwar den Dickmaulrüßlerkäfern völlig gleichgültig, sie würden nur hohnlachen, so sind die nämlich, genau wie die kleinen Frostspanner, die ja mit perverser Lust an den Rosenblättern nagen, während die Rote Spinne lieber saugt, bis die Blätter abfallen. Rosenzikaden und Rosenwickler machten, wenn man sie nur ließe, aus der jugendfrischen Anita im Handumdrehen ein trauriges, weißes Gespenst, das niemand haben will. Was wäre denn eine Rose, die nicht schön ist?

Anita muß also beschützt werden. Mit Spritzgeräten auf dem Rücken, geschützt von Gesichtsmasken, ziehen die Rosenkavaliere ins Feld. Sie tun es ungeniert, auch wenn wir sie dabei nicht fotografieren dürfen, denn die Leute sehen heute so viel Chemie nicht mehr so gern. Aber ein schlechtes Gewissen haben die fleißigen Giftmischer deswegen noch lange nicht, hier, sagen sie, lebt außer Rosen nichts und niemand, hier fliegen keine fleißigen Bienen, hier graben keine niedlichen Maulwürfe, hier gibt es nicht einmal Erde. Anita lebt fern von jeder Natur in einem geschlossenen System. Eisengerippe stützen Glaswände, Aluminiumskelette tragen Glasdächer, manchmal öffnen sich Dachteile wie von Geisterhand gesteuert, um kühlere Luft einzulassen, manchmal breiten sich Schattentücher über die Pflanzbeete, damit die Sonne Anita nicht verbrennt, von Thermostaten gesteuert, liefern die Heizkessel heißes Wasser, wenn es kalt wird, dann knacken die freihängenden Röhren, in denen es kreist. Zu oft, sagen die Züchter, denn 22 Grad Wärme, das braucht Energie. Sie arbeiten also an neuen Sorten, die mit weniger Wärme auskommen,

dann kann Anita in Rente gehen. Zwanzig Prozent Heizöl ließen sich sparen, wenn die Temperatur in den Häusern nur um ein einziges Grad gesenkt werden könnte. Und abends springen (nur in ausgewählten Betrieben) von selbst die schweren Schiffsdieselaggregate an, die den Strom für die Natriumdampflampen erzeugen. Gewaltige Standmotoren, die Generatoren antreiben. Die anfallende Maschinenabwärme wird selbstverständlich für die Heizung der Häuser mitbenützt.

Menschen sieht man kaum in diesen Riesengewächshäusern, obwohl die Musik, die überall aus den Lautsprechern quillt, mal Beethovens Neunte, mal Beat, eigentlich nur ihnen gelten kann. Oder wachsen Rosen besser mit Musik?

Dreizehn Rosensorten werden in diesem einen Betrieb hier kultiviert. In einer Ecke probieren die Gärtner Rosensämlinge aus einer Rosenschule in Israel aus, eine Neuzüchtung, ob sie brauchbar ist, muß sich zeigen. Aber daneben stehen sie dicht an dicht. Wie viele sind es auf so einem Acker ohne Erde, zwanzigtausend? Vierzigtausend? Im Kühlraum, bei einem Grad über Null, in leichtem Chlorgeruch, lagern schon, gebündelt, in großen Stapeln, Anitas Nachfolger. Keine Sämlinge, sondern veredelte Rosen, deutlich ist die verdickte Veredelungsstelle zu erkennen, wo das Auge aus der Wunschsorte in den Wurzelhals der Unterlage des Wildlings eingesetzt ist.

Denn Anita wird nicht alt. Fünf Jahre hat sie zu leben, vielleicht sechs, dann ist sie ausgepowert, erledigt, nicht mehr zu brauchen, bringt keinen Ertrag mehr. Träumt sie manchmal im ewigen Licht und neidisch von einem Leben als Gartenrose? Wie lange lebt solch ein Rosenstock!

Während Jahrzehnten liebevoll gepflegt, bewundert, Jahr für Jahr sachkundig geschnitten, gedüngt, gehätschelt. Eine Gartenrose kann fünfzig, hundert Jahre alt werden. Der berühmte Rosenstock außen am Chor des Doms von Hildesheim soll tausend Jahre alt sein. Ist das möglich? Mindestens ist er doch so alt wie Menschengedenken. Und das ist sicherlich, bei aller bekannten Kürze, länger als fünf Jahre.

Hier wird nicht einmal in Jahren, hier wird in Wochen gerechnet. Wächst eine Pflanze schneller in Erde oder in Steinwolle? Steinwolle nimmt die Nährstofflösung gleichmäßiger auf, so daß die Pflanzenwurzeln sie überall finden. Steinwolle ist besser, sie durchwurzelt schneller. Außerdem siedeln sich keine Schädlinge an. Die wissen es besser, mindestens was Steinwolle angeht. So betrügt die Natur sich selber, hilft mit, sich überflüssig zu machen.

Anita, Rosetta, Europa, Eskimo, Kardinal, Rubina, Lambada und so fort, dreizehn nach allen Gesichtspunkten geprüfte Sorten werden hier angebaut und geerntet. Alles soll stimmen, Wüchsigkeit (also schnelles Wachstum und doch nicht zu dünn und klapperig) und Wuchs (also die Form des Blütenstiels), Blattform und Blattgesundheit und Blattfarbe, Blüte (wieder die Form natürlich und ob sie aufgeht oder nach dem frühen Schnitt steckenbleibt), Farbe (die Farbe der Knospe, wie sie sich beim Aufgehen verändert, wie lange sie hält), Anfälligkeit für Krankheiten und so weiter. Nur vom Duft, vom Duft redet hier niemand. Fast ein bißchen zynisch fragt der Chef, wer Rosen mit der Nase kauft. Er ist jung, schmal, seine Augen sind wasserblau und kalt, er ist nicht unfreundlich, aber Romantik ist für ihn ein Fremdwort, wenn er Gefühle entwickelt,

dann unter dem Dach seines neuen Einfamilienhauses nebenan, aber nicht unter dem Glasdach seiner Rosenplantage. Niemand kauft Rosen mit der Nase, sagt er. Trotzdem, die Züchter wissen, daß ihnen der Duft abhanden gekommen ist, sie versuchen, ihn zurückzugewinnen. Nur, das dauert lange, alle erreichten Eigenschaften sollen erhalten bleiben, viele neue werden gewünscht, und der Genbaukasten, aus dem die Teilchen genommen und zu neuen Ganzen zusammengesetzt werden könnten, der ist noch nicht zu haben. Gibt es für ihn so etwas wie die erstrebenswerte Idealpflanze, die alle Vorzüge in sich vereinigt? Ach was, sagt er, erst wenn alle Kunden gleich wären, könnten alle Rosen gleich sein. Zu müßigen Spekulationen hat er weder Zeit noch Lust.

Die Sorten, die ihre Prüfung bestanden haben, funktionieren (der Terminus technicus drängt sich auf) nun gewiß hier, beim Nachbarn unter Umständen schon wieder nicht mehr, er züchtet vielleicht die weiße Eskimo statt der weißen Anita, weil seine Häuser einen anderen Winkel gegen Süden haben oder weil er die Steinwolle woanders kauft oder weil sein Dosiercomputer winzige Abweichungen von der Norm mischt oder weil seine Arbeiter lieber Rock als Beat hören, und wer diese Bemerkungen für unqualifiziert hält, glaubt noch weit mehr an die mechanische Beherrschbarkeit der Natur als holländische Kultivateure. Die wissen nämlich immerhin, wie irrational die Grundlagen ihres Handwerks trotz aller Technik sind. Und ist das nicht auch ein bißchen tröstlich, insbesondere dann, wenn man die Königin der Blumen so in den Dienst genommen, so versklavt sieht wie hier?

Da mischt sich naturgemäß die Wissenschaft mit ein. Es gibt in Holland etwa 25 Agrarforschungsinstitute, Versuchsanstalten und Versuchsgärten. Und «etwa» steht hier nicht etwa, weil wir nicht bis 25 zählen könnten. Die Arbeitsbereiche sind nicht schematisch fixiert, sondern gegeneinander verschoben, Schwerpunkte hier und dort sind andere, so daß nicht immer ganz eindeutig erkennbar ist, ob es sich hier oder dort noch um ein reines Agrarforschungsinstitut handelt. Eindeutig definiert ist das natürlich für die Landwirtschaftliche Universität in Wageningen. Pflanzenphysiologie und Pflanzenkrankheiten sind wichtige Forschungsbereiche, andere Institute befassen sich mit Problemen der Aufbewahrung und Verwertung von Gartenbauerzeugnissen. Es gibt ein Institut für Pflanzenzüchtung, ein Institut für Pflanzenschutz, und die volkswirtschaftliche Bedeutung dieser Betriebe läßt sich schon allein daraus ablesen, daß sie zur Hälfte vom Ministerium für Landwirtschaft und Fischerei getragen werden. Die zweite Hälfte leistet die Privatwirtschaft.

Die Versuchsanstalten in Aalsmeer und Lisse bleiben dagegen sozusagen vorwiegend auf dem Acker. Sie unternehmen Versuche mit neuen Kulturtechniken wie der Substratkultur (was kann man einer Pflanze anstelle von Erde unterschieben), wie wirken sich künstlich, im Gewächshaus erzeugte klimatische Verhältnisse auf den Pflanzenwuchs aus? So eine *Proefstation* experimentiert mit allen Komponenten, die für die Anzucht von Rosen denkbar sind. Vom Wasser über das Licht zum Boden und seinen Substraten, Hormon- und Nährstoffdosierungen zu den Züchtern selber, die regelmäßig zu allerlei Lehrveranstaltungen gebeten werden. Das heißt dann zum Beispiel *Themamiddag roos* (also

ungefähr «Mittägliches Rosenseminar»), angekündigt werden zum Beispiel Darstellungen zu einer Versuchsreihe mit Assimilationsbeleuchtung bei Rosen, und wenn Sie wissen wollen, was das bedeutet, dann fragen Sie bitte nicht mich, sondern die Experten, die sich auskennen. Sie laden die Gärtner in die Studienclubs, wo sich die Rosenzüchter regelmäßig treffen, um Erfahrungen auszutauschen und Probleme zu besprechen.

Wir haben fast unsere Anita vergessen! Im Gewächshaus geschnitten – ganz richtig mit dem Messer und Stiel um Stiel –, wurde sie über Spezialbänder in die Packhalle gefahren. Hochaufgetürmt liegen da die schon nach Länge sortierten Blumen auf langen Packtischen. Ein klapperndes Laufband hat zuerst Stiel um Stiel mitgenommen, die Knospen liegen alle auf der gleichen Höhe, Fotoaugen kontrollieren die Stiellängen und steuern nacheinander unter dem Band angebrachte Klappen. Die längsten Stiele fallen ins erste Fach, die kürzesten ins letzte. Je länger die Stiele, um so besser der Preis. Alle zehn Zentimeter ein Preissprung. Von der Sortiermaschine aus kommen die Bündel auf die Tische, die Stiele werden gezählt und in Klarsichtfolie zu großen, viereckigen Paketen gebunden. Stiel an Stiel und dann mit der elektrischen Schere unten glattgeschnitten, gewissermaßen feinmechanisch normiert. Hier, in dieser geräumigen Halle, sind jetzt die vielen Leute zu sehen, die so ein Betrieb beschäftigt. Die Musik ist etwas lauter, wir sind sozusagen an ihrer Quelle, und an den Enden der Tische sehen wir, was schon am nächsten Tag bei uns in den Blumenläden steht. Rosen über Rosen, Knospe an Knospe, ein zartes, einhellig gleichfarbiges Kissen aus Blütenblättern, die Quintessenz des blühenden Geschäfts, seine Raison d'être.

Reinste Natur:
Rosen aus der Büchse

Den kleinsten Rosenstrauch, den ich je gesehen habe, hätte man ohne weiteres als Gastgeschenk für einen Hobbit mitnehmen können. Querverweis: John Ronald Reuel Tolkiens phantastischer Roman *The Hobbits* erschien 1937. Das Personal dieser Geschichten sind die nicht einmal zwerggroßen Hobbits. Der Hobbit-Rosenstrauch war ungefähr anderthalb, höchstens zwei Zentimeter hoch. Daß seine Blätter voll ausgebildet waren, konnte man mit dem Vergrößerungsglas gut erkennen. Der botanische Winzling hauste mit ein paar Brüdern und Schwestern in einer durchsichtigen Schachtel, etwas größer als eine Zigarettenschachtel. Hinter der dünnen Kunststoffwand hört seine Welt auch gleich auf. Die Schachtel steht auf einem Regal neben Schachteln, es sind ein paar tausend, Regal steht neben Regal, Tablar über Tablar in einem engen Raum, in dem die Knirpse irgendwann am Tag ein paar Stunden schlafen, dann wird gewachsen, sechzehn, achtzehn Stunden bei künstlichem Licht, das genau die richtige Dosis Ultraviolett hat, um Sonnenlicht vorzutäuschen. Blühen würde dieser Miniaturstrauch freilich nicht. Aber im Laufe weniger Monate hat er sich zu einem ganz normalen Rosenstock ausgewachsen, und niemand, der ihn sieht, würde auf die Idee kommen, daß es sich um ein Retortenprodukt handelt. Wobei Retortenprodukt auch nicht das richtige Wort ist, denn alles ist reinste Natur und kein bißchen Hexerei dabei.

Das Geheimnis ist längst keines mehr.

Wer sich solche Miniaturrosen ansehen will, braucht sich zum Beispiel nur in den Thurgau und an den Bodensee aufzumachen und dort, in Neukirch-Egnach, die Firma Proplant zu besuchen. Proplant ist ein 1983 gegründeter Filialbetrieb des Obst- und Beerenzentrums Häberli, die Spezialität von Proplant heißt Mikrovermehrung. Der Terminus technicus ist In-vitro-Vermehrung.

Davon wußte Conrad Mönch, der 1785 ein *Verzeichnis ausländischer Bäume und Stauden des Lustschlosses Weissenstein bey Cassel* anlegte, noch gar nichts. Er schilderte die Art und Weise, wie damals Rosen durch Samen vermehrt wurden – die umständlichere Methode, zweifellos, aber zur Zucht ist man nun einmal auf generative Vermehrung, also Samen angewiesen:

«Das Säen wird hier folgendermaßen angestellt. Der reife Samen wird in Wasser 14 Tage, wohl auch 3 Wochen eingeweicht und in Scherben, Kasten oder ins freie Land gesät. Er liegt mindestens 1 Jahr, ehe er aufkeimt, und 3 Jahre Zeit erfordert die Pflanze wenigstens, ehe sie blüht.» Immerhin haben die Gärtner schon früher herausgefunden, daß man schwer keimende Samenkörner stratifizieren, das heißt vorkeimen kann, weil sie unbehandelt bis zu einem Jahr länger im Boden liegen, bevor sie auflaufen. Man schichtet den Samen in feuchten Sand, das hilft.

Zweihundert Jahre später fangen die Gärtner mit einem Meristem an, aus dem zwei Sprosse wachsen, die kann man wieder teilen und so weiter, 30 Wochen später haben wir bereits 512 Sprosse. Theoretisch können sie den Prozeß so beschleunigen, daß nach einem Jahr 100 000 Jungpflanzen in ihren Zigarettenschachteln sprießen. Alle sind Abkömmlinge des

gleichen Meristems. Was ist Meristem?
Ein bißchen Vermehrungstheorie also:
Mein alter Zander (*Zander's Großes Garten-
lexikon; Reich illustrierter Ratgeber für Gärtner
und Gartenfreunde,* Ullstein Verlag Berlin, 1934)
definiert Vermehrung als «Entstehung
mehrerer Jungpflanzen aus einer Mutterpflanze.
1. auf geschlechtlichem Wege, sexuelle
Vermehrung, durch Bestäubung und Befruchtung. 2. auf ungeschlechtlichem Weg, vegetative
Vermehrung, beruht auf der Fähigkeit, daß
gewisse abgetrennte Stücke von Pflanzen, z.B.
Blätter oder Stengelteile, imstande sind, an
bestimmten Stellen Wurzeln zu treiben.

Auf diese Weise vermehrt man Pflanzen
durch Stecklinge, Steckhölzer, Abrisse, Ausläufer
und durch besondere Stengelgebilde, wie
Knollen, Rhizome, Zwiebeln, Brutknospen usw.
Alle diese Methoden sind für die gärtnerische
Praxis deshalb nötig, weil eine Reihe für die
Kultur wichtiger Eigenschaften nicht immer auf
geschlechtlichem Wege fortgepflanzt werden
können, besonders dann, wenn die aus Samen
gezogenen Jungpflanzen nicht sortenecht fallen.
Bei der vegetativen Vermehrung bleiben aber
alle besonderen Eigenschaften der Mutterpflanze
erhalten, da kein Ausgleich durch Befruchtung
erfolgt. Meistens werden auch die Veredelungen
hierher gerechnet.»

«Vegetative Vermehrung, beruht auf
der Fähigkeit, daß gewisse abgetrennte Stücke
von Pflanzen, z.B. Blätter oder Stengelteile,
imstande sind, an bestimmten Stellen Wurzeln zu
treiben.» Das war eine seit Ewigkeiten überlieferte
Einsicht, man wußte aber 1934 auch schon,
daß im Grunde genommen aus jedem beliebigen
Teil einer Pflanze, ja aus jeder einzelnen
Zelle eine neue Pflanze sich bilden kann, diese

sogenannte *Totipotenz* wurde übrigens sogar
schon 1838 behauptet, und man wußte, daß das
Meristem oder das Bildungsgewebe oder
das Urgewebe diese Reproduktionsfähigkeit
insbesondere besitzt, ohne daß man die Technik
der Vermehrung aus Meristemen schon
beherrscht hätte. 1934 gelang es zum ersten Mal,
aus Einzelzellen von Karotten ganze Pflanzen
neu entstehen zu lassen. Damit war bewiesen, daß
in jeder einzelnen Karottenzelle das genetische
Programm der ganzen Pflanze gespeichert ist.

Was damals für Karotten bewiesen war,
wird heute mit Hunderten von verschiedenen
Pflanzenarten praktiziert. Der Weg dahin war
schwierig genug. Die praktische Anwendung
der Gewebekultur setzte vielfältige Kenntnisse für
die Herstellung der Nährstofflösungen voraus,
mit deren Hilfe die Explantate zum Wachstum
angeregt werden. Die Nährböden, die wie eine
Art durchsichtige Gelatine aussehen, setzen sich
zusammen aus Nährsalzen (Haupt- und
Spurenelementen), organischen Zusätzen wie
Vitaminen und Aminosäuren, Zucker und
pflanzlichen Wachstumsregulatoren.
Die Kenntnis der richtigen Mischungen ist
mittlerweile so weit fortgeschritten, daß die
Bildung von Sprossen aus Meristemen einerseits
und die Bildung von Wurzeln an den Sprossen
andererseits durch den Einsatz von Wachstumsregulatoren (Laien wie wir würden
vermutlich einfach Hormone sagen) gesteuert
werden kann.

In-vitro – im Glas. Die Meristem-
Vermehrung ist also eigentlich nur ein Spezialfall
der In-vitro-Vermehrung. Meristeme, die
Vegetationspunkte, sind in den Sproßspitzen
oder in den Achselknospen einer Pflanze zu
finden. Das sind jene Stellen, an denen die Zellen

sich beinahe explosionsartig schnell teilen, so daß das Meristem sich unentwegt auf den zurückbleibenden neugebildeten Zellen in der Wachstumsrichtung voranschiebt. Das Meristem ist winzig klein, es ist ein gallertartiger, durchsichtiger Zellklumpen von ungefähr 0,2 Millimeter Durchmesser. Es liegt in der Natur der Sache, daß das Meristem (mit gewissen Ausnahmen) frei ist von Viren und Krankheitserregern, weil sie das Meristem gar nicht so schnell erreichen können, wie es vorantreibt, so daß Pflanzen, die aus Meristemen vermehrt werden, absolut gesund sind. Man vermehrt also aus Meristemen, wenn man ganz sicher sein möchte, befallsfreie Pflanzen zu ziehen. Ist diese Vorkehrung nicht nötig, kann man Pflanzen auch aus Gewebeteilen heranziehen. Im Zweifelsfall wird die Erstvermehrung aus dem Meristem bewerkstelligt, wenn dann das Meristem nach ein paar Wochen kleine Sprosse bildet, kann man aus den Sprossen weitervermehren.

Für den Gartenliebhaber der alten Schule ist diese Vermehrungsart – wenn er zum ersten Mal dabei zuschaut – schon ein herber Schock. Vorbei ist es mit der Romantik der grünen Gärtnerschürze, niemand hat schwarze Finger und aufgerissene Haut an den Fingerkuppen, das Okuliermesser kann endlich bedenkenlos zum Tabakschneiden verwendet werden (eine Jugendreminiszenz, wir haben in den Jahren nach dem Zweiten Weltkrieg unseren Tabak selber angebaut, geerntet, fermentiert und was sonst noch alles nötig war, und am Ende die festen Blattwickel mit dem rasiermesserscharfen Okuliermesser fein geschnitten. Spottname des so erzeugten Genußmittels: *Marke Bahnwärter, bei jedem Zug raus!* Oder auch *Fliegentod*). Bei Proplant sitzen Frauen in weißen Kitteln in

einem pieksauberen Labor an sterilen Arbeitsplätzen, der Besucher muß Plastikhaut über seine Schuhe ziehen, und anfassen solle er natürlich auch nichts. Er schaut dem zu, was man bei Proplant Mikrovermehrung (frz.: Micropropagation) nennt.

In vitro ist eigentlich nicht ganz zutreffend, findet Herr Zwahlen, der die Firma seit zehn Jahren leitet. Die Spezialistinnen und Spezialisten präparieren die Explantate und setzen sie auf die Nährböden. Feine Stahlwerkzeuge werden in diesen Labors gebraucht, das Mikroskop vergrößert um das 40- bis 60fache, trotzdem muß das Auge geschult sein und genau sehen können, um ein Meristem unbeschädigt aus der Sproßspitze herauszuoperieren. Das geschlossene Gefäß wird klimatisiert gehalten, und siehe da, nach fünf bis sechs Wochen wachsen die Explantate zu kleinen Sprossen heran, da ist er, der kleinste Rosenstrauch, den ich je gesehen habe, er bildet Seitensprossen, die werden wieder abgetrennt und dienen als Ausgangsmaterial für die nächste Vermehrungsstufe. Die Zahl der Sprosse vervielfacht sich bei jedem Schritt um das Vierfache, nach sechs Wochen zwei, nach 12 Wochen acht, nach 18 Wochen 32, nach 24 Wochen 128, es ist wie die berühmte Geschichte mit dem Weizenkorn auf dem ersten Feld des Schachbretts, das der historische Schlaumeier von Feld zu Feld nur verdoppelt haben wollte. Die dritte Stufe ist die Bewurzelungsphase, die vierte das Aussetzen der Pflanzen in Erde und die Gewöhnung an Gewächshaus- und Freilandbedingungen.

Und weshalb wird nun nicht einfach alles und jedes auf diese Weise elegant, schnell und gesund vermehrt? Weil die

Mikrovermehrung nicht unter allen Umständen die preiswerteste ist, weil es (noch) nicht bei jeder Pflanzenart möglich ist, durch Mikrovermehrung gesunde Pflanzen heranzuziehen, weil es noch nicht für jede Pflanzenart die richtigen Nährmedien gibt, weil bei manchen Pflanzenarten Mikroorganismen, die im Inneren der Pflanze leben (sogenannte Endophyten) während der Mikrovermehrung aus den Pflanzenteilen austreten und sie im Wachstum hemmen oder abtöten.

Für die Rosenschulen Huber in Dottikon produziert die Proplant jährlich an die 20 000 Bodendecker-Jungpflanzen. Die sind absolut gesund, und sie stehen, wie Herr Huber das nennt, auf eigenem Fuß, das heißt, sie sind nicht auf Wildlingen veredelt. Und das heißt, daß die Wildlinge nicht austreiben können. Das ist, findet Richard Huber, gerade bei den niedrigwachsenden Bodendeckern besonders wichtig.

Auktion in Aalsmeer: Rosen unter dem Hammer

Ich mag um Neujahr Rosen nicht verlangen,
Noch Schnee, wenn Lenz und Mai mit Blüten prangen:
Jegliche Frucht muß Reif und Zeit erlangen.

At Christmas I no more desire a rose
Than wish a snow in May's new-fangled mirth;
But like of each thing that in season grows.
(Love's Labour's Lost, I:1,105)

Das Hotel *Aalsmeer* ist ein angenehmes kleines Haus am Rande des alten Dorfzentrums, es ist ordentlich und erstaunlich geschmackssicher eingerichtet, das kann man nur empfehlen. Insbesondere jenen, die gern in Ruhe frühstücken. Um viertel nach sechs Uhr, früh, wohlgemerkt, stolpere ich noch halbblind in das leere Frühstückszimmer. Da sitzt schon, wie immer der erste, wenn wir zusammen reisen, Freund Georg, der lächelnd-leichte Frühaufsteher, und unterrichtet mich über die am Frühstücksbuffet noch zu habenden Reste.

So müde bin ich dann aber doch nicht mehr! Reste, wieso Reste? Ja, sagt Georg, vor einer Viertelstunde war es hier noch voll, jetzt sind schon alle weg, wir sind die letzten.

Um sechs Uhr morgens! Ich bin fassungslos, was für ein Selbstquäler ist der Mensch, und wozu tut er das alles? Der Menschheit ganzer Jammer faßt mich schon wieder an, mein Gott, und Georg der Fotograf sagt, nun trink erst mal deinen Kaffee und laß die Philosophie beiseite, dabei kommt nichts heraus, dazu ist es wirklich noch zu früh. Draußen ist es noch stockdunkel! Was tun ernsthafte Menschen um diese Nachtzeit statt zu schlafen?

Das sollten wir bald sehen.

Keine fünf Minuten vom Hotel *Aalsmeer* entfernt, am Legmeerdijk 313, breitet sich das Gelände der *Bloemenveiling Aalsmeer*. Gelände heißt zunächst schlicht und ergreifend unter Dach gebrachtes Ackerland. Halle schließt sich an Halle, von den hundert Hektaren, die der Betrieb in Anspruch nimmt, sind 63% überdacht. Der straßenseitige Auftritt ist wenig aufregend, Beton und Glas senkrecht, Teer waagerecht, eine lange Bürohausfront, Parkplätze und Verbotsschilder, riesige Einfahrtstore, in denen mächtige Sattelschlepperzüge spurlos verschwinden, Auffahrtrampen zum Dach hinauf, 2700 Parkplätze sind hier oben, und sie sind jetzt schon Reihe um Reihe mit Hunderten von Autos besetzt. An die tausend Angestellte arbeiten Tag für Tag in diesen Hallen, an die zweitausend Händler kommen fünf Mal in der Woche in aller Herrgottsfrühe zu den Auktionen, an die dreihundert Grossisten haben sich hier eingemietet.

Die Einzelhändler sind nach dem Einkauf schnell über alle Berge, ihre Blumen stehen schon mittags im Laden oder im Supermarkt oder im Gartencenter, Holländer lieben Blumen, in über zehntausend Verkaufsstellen können sie sich aussuchen, was in Aalsmeer versteigert wurde. Sie finden fast alles, was Gärtnerkunst hervorzubringen imstande ist. Die Grossisten müssen an Ort und in Windeseile weiterverarbeiten, Blumen sind leichtverderblich. Bindemaschinen produzieren bunte Sträuße, in Paketen zu zweihundert und mehr werden Rosen gebündelt oder nach den Wünschen der Besteller konfektioniert, mal zwanzig, mal zehn in einem Bund, Berge von Kartons werden herangeschleppt, Ladung um Ladung wird zusammengestellt, die Lastwagen füllen sich, dann heulen die Dieselmotoren, die Kältemaschinen brummen an den Kühlwagen, die Hallen leeren sich.

Das europäische Schnellstraßennetz und die EG samt Abbau der Zollschranken machen es möglich: Am Nachmittag werden die Treibhausrosen geschnitten, nachts liegen sie bei zwei Grad über Null im Kühlraum, am nächsten Morgen werden sie verauktioniert, vierundzwanzig Stunden später steht die leicht verderbliche Pracht an der Bahnhofstraße in Zürich oder in Genf oder in Paris im Laden. Schneller geht es mit dem Flugzeug, und schneller gehen muß es, wenn es weiter ist, der Flughafen Schiphol ist nur zehn Minuten entfernt, holländische Schnittrosen werden heute in der ganzen Welt verkauft. Bestellungen kommen aus Sydney und Tokio, Neapel und Wien, Helsinki oder New York. Achtzig Prozent der holländischen Schnittblumenproduktion werden exportiert. Hauptabnehmer ist die nahegelegene Bundesrepublik Deutschland, wertmäßig an fünfter Stelle folgt schon die Schweiz, das Land, das gewissermaßen den Qualitätsmaßstab setzt, denn in die Schweiz kann man nur, das hören wir immer wieder, erste Qualität liefern.

Aber nicht nur holländische Gärtnereien verkaufen ihre Schnittrosen an den Veilingen, von denen Aalsmeer nur die erste und größte ist, auch ausländische Produzenten schicken ihre Ernte nach Holland und lassen dort versteigern, East African Flowers aus Kenia zum Beispiel. In Aalsmeer ist der größte Blumenmarkt der Welt entstanden. Mit 65% des ganzen Blumen-Welthandels hält Holland den Weltrekord, Italien beteiligt sich mit knappen 5%, Israel mit 4%, Spanien mit 2%. Da ist es kein Wunder, daß viele Marktfahrer von weither kommen, Orchideen werden aus dem Fernen Osten hierhergeschickt, Zierfarne aus Kalifornien, die Verkehrswege der Welt sind mit Blumen bestreut. Es ist durchaus möglich, daß Blumen bei ihrer Versteigerung in eben das Land verkauft werden, aus dem sie gerade gekommen sind.

Energieverschwendung? Leben ist lustvolle Verschwendung von Energie. Und manchmal sogar auch sinnvoller Gebrauch von

Energie. Was ist sinnvoll? In Holland leben
über siebzigtausend Menschen von der Blumen-
industrie, in Produktionsbetrieben und
Veilingen, in den Zulieferfirmen und den Spe-
ditionsbetrieben, bei Großhändlern und
Exporteuren, bei den Einzelhändlern. Sie leben
von der ganz irrationalen, verschwenderischen,
kostspieligen Neigung des Menschen, Blumen zu
kaufen, Geld auszugeben für etwas, das
drei Tage oder fünf Freude macht und dann
in den Mülleimer oder auf den Komposthaufen
kommt. «Unser bester Kunde», witzelt
ein Einkäufer in Aalsmeer, «ist die deutsche
Mülltonne.»

Und davon leben sie gut, vor allem
von den Rosen. Die Lieblingsblume erbrachte
1991 allein einen Veilingumsatz von 825
Millionen Gulden, 17,2% mehr als 1990,
Tendenz steigend. Rosen liegen mit Abstand vor
Chrysanthemen, Nelken, Tulpen, Lilien,
Freesien und Gerbera. 1991 produzierte Holland
für sage und schreibe 5,8 Milliarden Gulden
Blumen und Pflanzen, zehn Prozent mehr als
1990, Tendenz steigend, trotz der spürbar
werdenden Konkurrenz Spaniens und Portugals.
Was Vorteile bringt, bringt eben auch
Nachteile. Die Südeuropäer ziehen eben auch
Nutzen aus den modernen Verkehrsver-
bindungen wie die holländischen Produzenten,
und sie haben einen klimatisch begründeten
Standortvorteil.

Aber die Holländer haben keine
Angst davor. Ohne Märkte kein Absatz, und die
Marktplätze, das sind die Veilingen,
die Auktionshallen, in Aalsmeer, der größten,
in Naaldwijk, Rijnsburg, Grubbenvorst, Bemmel,
Eelde, in Vleuten. Und was die Holländer
aufbringen können, dieses Maß an Disziplin, an

Ordnung, an Einsicht in die allen dienenden
Regeln des Geschäfts, das kann kaum ein anderer.
Auktionen in Italien, in Spanien, das sind
wundervolle Theaterereignisse, jedem Touristen
dringend zu empfehlen, aber Millionen von
Schnittblumen bringt man auf diese Weise nicht
über den Tisch.

Zusammenschlüsse zu Genossenschaften
und Versteigerungen als Schutz vor dem ruinösen
Druck von Einkäufern, die die Produzenten
gegeneinander ausspielten und die Preise
diktierten, gibt es in Aalsmeer schon seit 1887.
Damals begannen die Gärtner gemeinsam zu
operieren. In Aalsmeer trafen sie sich noch ganz
unorganisiert in einem Café gar nicht weit
vom Hotel *Aalsmeer* mit ihren Käufern
zur Veiling. Der Auktionator stand, berichtet die
Legende, auf dem Billardtisch. Da ging es schnell,
fröhlich und ohne Umschweife, bezahlt
wurde aus der Brieftasche, geladen wurde aufs
Pferdefuhrwerk, der Wirt putzte die Gaststube
und freute sich über den Umsatzzuwachs
an Bier und Genever.

So improvisiert sollte es nicht bleiben.
«Vanaf Maandag 4 Dec a.s., zullen in t café
‹Welcom› dagelijks nam. half drie Exportbloemen
werden geveild» stand 1911 in den Inseraten in
den Tageszeitungen («Ab Montag 4. Dezember
des Jahres sollen im Café Welcom täglich
um halb drei nachmittags Exportblumen versteigert werden»). Das Comité lud ein, das Comité
war tatkräftig. 1911 wurde die *Bloemenveiling
Bloemenlust* gegründet, im nächsten Jahr
konstituierte sich eine zweite Cooperative in
Aalsmeer, die *Centrale Aalsmeerse Veiling*.
Die Stiftung eines Versteigerungsgebäudes stand
auch schon im Dezember 1911 auf dem
Programm einer *Bespreking*, zu der Mijnheer

C. M. Alderden in Aalsmeer einlud.

Um 1920 klettern die Umsätze beider Veilingen schon auf über eine Million Gulden im Jahr, 1928 wurden die ersten Schnittblumen per Luftfracht befördert, auf einer Fotografie von 1935 stehen Seite an Seite die lustigen schwarzen Lastautos, die wir alle aus dem amerikanischen Kino jener Jahre kennen, vor dem Veilinggebäude von Bloemenlust. 1968 votierten die Mitglieder beider Cooperativen für die Fusion, im Februar 1972 drehten sich die Uhren im Auftrag der neuen *VBA (Vereinigde Bloemenveilingen Aalsmeer)* in den neuen Versteigerungshallen zum erstenmal.

Eine ebenso einfache wie geniale Idee macht es möglich. Normale Versteigerungen beginnen bei einem vom Auktionator bestimmten Tiefstpreis, der Endpreis ist abhängig von der Kauflust der Kundschaft. Jeder hat den Ausruf «zum ersten, zum zweiten, zum dritten» im Ohr und die manchmal verzweifelten Bemühungen des Auktionators, einen doch noch etwas höheren Preis zu erzielen. Die holländische Blumenveiling funktioniert genau umgekehrt.

Die Käufer sitzen wie in einem Hörsaal in ansteigenden Bankreihen, an der gegenüberliegenden Wand dreht sich der Zeiger einer riesigen Uhr rückwärts, bei hundert beginnend, unten fährt langsam der mit jener Ware beladene Stapelwagen vorbei, die eben jetzt zum Kauf ausgeboten wird. Wer die Ware haben will, drückt den betreffenden Knopf an seinem Platz. Der Zeiger hält, die Ware gehört ihm, zu dem Preis, den er selber bestimmt hat. Der Käufer mußte freilich in den Sekunden, die er Zeit hatte, dem Zifferblatt der Uhr ein paar wichtige Informationen entnehmen,

die ihn veranlaßten, eben jetzt auf den Knopf zu drücken, nicht früher, auch nicht später. In größeren und kleineren Sichtfenstern wird mitgeteilt die Gärtnerei oder der Zuchtbetrieb (Kwekereij de Driehof), aus dem (nächstes Fenster) das kommt, was gerade angeboten wird (Rosen, kleine Frisco). Von vier kleinen Fensterchen rechts oben sind die beiden wichtig, die angeben, wieviel Stapelwagen zu wieviel Einheiten zur gerade gezeigten Partie gehören. Unten links Bemerkungen zur Qualität der Ware (schwache Stiele, fleckiges Laub, Insektenfraß). Die 59 *Keurmeester* haben die durchschnittlich zehntausend Stapelwagen voller Blumen in aller Herrgottsfrühe geprüft und beurteilt und die hier erscheinenden Hinweise festgelegt.

In der Mitte die Fenster, auf die es am meisten ankommt: die Münzeinheit, die der Zeiger zählt. Die wechselt, um das Spiel anregend zu gestalten, je nach Kostspieligkeit der Ware. Mal wird zehn-Gulden-weise gerechnet, mal in Gulden, mal zehn-Cent-weise, mal in Cents. Auf dem Zifferblatt steht auch die ganze Anzahl Einheiten (36 Pakete Friscorosen) und die Stückzahl pro Einheit (240 Stück). Auf dem jetzt ausgerufenen Stapelwagen sind 8640 weiße Friscorosen. Außerdem gibt die Uhr an, wieviel Einheiten aus dem ganzen Posten der Käufer mindestens abnehmen muß (also zum Beispiel vier). Im Kopf hat der Käufer die Bestelliste und das vorher schon geprüfte Gesamtangebot draußen im *Opstelgebiet,* der *Keurplein* (Aufstellgebiet, Auswahlebene). Nun muß er nur noch sehr schnell überschlagen, was er schon hat und was er noch braucht, was andere vielleicht brauchen, und wieviel er ausgeben will oder kann. Über das Telefon an seinem Platz kommen dann von seiner Firma auch noch Auftragsänderungen. In Bayern wird es regnen, da wurde vom Großhändler nachbestellt, in Mailand schöneres Frühlingswetter als gedacht, also weniger Umsatz, also reduzierte Bestellmenge.

Unser Einkäufer kauft 36mal 240 Friscorosen zum Preis von 55 Cents, möglicherweise genau einen Cent teurer als sein Nachbar, der die Uhr durch seinen Knopfdruck eine halbe Sekunde später angehalten hätte, vielleicht kaufte er aber auch zehn Cents zu teuer, weil der Nachbar, weil die vielen Nachbarn hier im Auktionsraum noch unschlüssig waren, oder gar nicht so viel bezahlen wollten oder gerade nicht diese Sorte haben wollten. Unser Einkäufer wird es unter Umständen bei den nächsten Posten erfahren, wenn er nicht mitbietet, aber sehen kann, was die Kollegen bezahlen. Da der Käufer sich mit seiner Einkäuferkarte von seinem Platz aus beim Computer angemeldet hat – nur dann kann er mitsteigern –, hat der Rechner den geschuldeten Preis schon von seinem Kreditkonto abgebucht, den Genossenschaftsanteil (5,5%) berechnet und belastet, die Statistik bedient, der ersteigerte Posten ist auch schon lange mit dem Namen des Käufers und seiner Ordnungsnummer ausgezeichnet.

Jetzt ist der Stapelwagen von der Laufkette, an der er hängt, aus dem Saal gezogen worden und kommt auf den Abstellplatz, der für die Firma des Käufers reserviert ist. Überall sind die flinken kleinen Elektrokarren unterwegs, an denen in langen Reihen die Stapelwagen hängen. Es gibt zwar sechzigtausend dieser praktischen Wägelchen, aber es gibt kein Durcheinander, keine Staus,

keine Erregungen. Im Verteilsektor sammelt sich alles, was unser Käufer allein oder mit seinen Kollegen von der gleichen Firma vor einer der anderen Uhren – zusammen sind es dreizehn – im Laufe einer Veiling ersteigert hat. Im Verteilsektor wird die Ware schon laufend abgeholt, wenn unser Käufer noch auf seiner Tribüne sitzt. Vielleicht auf der Tribüne A vor der zweiten Uhr, da werden großblumige Rosen versteigert. Vielleicht vor der ersten Uhr im gleichen Saal, da gibt es kleinblumige Rosen. Die Spitzenreiter im Warenangebot der Auktionen haben immer die gleichen festen Plätze unter den Uhren. Fünfzigtausend Transaktionen finden auf diese Weise Tag für Tag statt, zwei bis drei pro Sekunde. Um Mittag stehen die Uhren still, bis zum nächsten Morgengrauen herrscht Ruhe. Jetzt ist der Betrieb bei den Großhändlern, die sich in den Hallen eingemietet haben, hier werden die eingekauften Blumen konfektioniert, verpackt, verladen und spediert.

Die eigene Zeitung ist in diesem Betrieb ebenso selbstverständlich wie die Fahrradreparaturwerkstatt, denn wer hätte hier so viel Zeit, alle Wege zu Fuß zu machen! Es gibt Bankniederlassungen im Haus und Zollämter, Kontore der Fluggesellschaften und Speditionsfirmen, es gibt Wäschereien für Blumencontainer und Kehrichtverarbeitungsanlagen und Kompostiervorrichtungen, es gibt einen Besucherdienst und Jahr für Jahr hunderttausend Neugierige, die von den Laufgängen aus, in luftiger Höhe unter den Hallendächern, dem Betrieb zusehen und staunen. So viele Blumen hat noch niemand vorher auf einmal gesehen.

Polyantharose Rumba, 1958 von F. Poulsen.

Aalsmeer in Holland.
Auch das sind Dachlandschaften.
Tagsüber spiegelt sich der
Himmel gern in den großen
Glasflächen, nachts ist
die Gegend voller leuchtender
Gewächshäuser, in denen
Pflanzen nicht schlafen, sondern
arbeiten. Unter Bedingungen,
die man durchaus als bodenlos
bezeichnen darf. Auf dem
rechten Bild ist nämlich deutlich
zu sehen, daß Rosen in Watte
wurzeln. Glasfaser oder Steinwolle dienen als Substrat,
die Nahrung kommt durch lange
Röhren aus der Chemieküche.

Wir haben beim Okulieren zugesehen.
1. Das Auge wird vom Holz gelöst
2. T-Schnitt am Wurzelhals des Wildlings
3. Das Auge wird eingeschoben
4. Hier sitzt es richtig
5. Die Veredelungsstelle wird verbunden
6. Tausend Stück pro Reihe!

Durch die Arbeit mit Messer und Schere wird aus dem Wildling
die Edelrose: Painted Moon. (Rechte Seite)

136

Rosen haben keine Dornen, sie
haben Stacheln. Dornen wachsen
aus dem Holz, Stacheln aus
der Rinde. Dornen kann man
nicht abbrechen, Stacheln lassen
sich flach und sauber wegknicken.
Zumindest,wenn sie so kräftig
entwickelt sind wie hier oben.
Rechts *wird es schon schwieriger.*
Die Moosrose zum Beispiel
läßt ihre winzigen Stacheln gern
in der Haut zurück. Und
dann gibt es wirklich Rosen ohne
Stacheln, wie figura zeigt.
Gibt es keine Rehe und keine Kanin-
chen, wo sie herstammen? Rosen
sind hervorragend adaptiert,
es gibt Kletterrosen (die ja nicht
wirklich von selber klettern
können), deren Stacheln rückwärts,
also nach unten gebogen sind.
So können sie sich doch da
festhalten, wo sie hochschießen.

*Das Blattwerk der Rosen
ist beinahe so reichgeartet wie
ihre Blütenfarben und -formen.
Der Frühling schenkt die
unberührte, glänzende Glätte
der Blatthaut, die vom hellsten
Grün bis ins zarteste Braun
spielenden, tiefgründigen
Lasuren, den Schnitt des Blatts,
des Blattrandes, seine Fiederung.
Schlankheit oder Kräftigkeit
und Färbung des Austriebs sind
jedes Jahr sehnlich erwartete
Gartenfreuden.*

Der Großhändler (oben links die alteingesessene Firma Vooren in Aalsmeer) konfektioniert die ersteigerte Ware nach den Wünschen seiner Kunden, die sich regelmäßig bei ihm melden, hier, noch auf dem Gelände der Veiling, werden die ersteigerten Blumen versandfertig verpackt, ein Geschäft, bei dem höchste Eile geboten ist. Unterdessen sitzen Voorens Einkäufer mit den Kollegen von der Konkurrenz noch vor den Uhren und wählen aus dem Angebot, was der Auftragsstand nötig macht. Später, wenn schon fast alles vorbei ist, kommen die fliegenden Händler, um die Reste aufzukaufen. Auch sie ziehen Nutzen aus der Verderblichkeit der Ware. Was nicht versteigert wurde, wird billig abgegeben oder geht auf den Komposthaufen. Natürlich kann der fliegende Händler auch billiger weiterverkaufen.

*Geboren wurde sie am
4. Dezember 1923 in New York
als Tochter eines ausgewan-
derten griechischen Apothekers,
mit 13 Jahren kam sie an das
Konservatorium von Athen und
wurde Schülerin von Elvira
de Hidalgo. In Athen erregte sie
als Tosca Aufsehen, aber dann
ging sie nach Nordamerika
zurück, und niemand kümmerte
sich um sie.*

*Italien entdeckte sie! 1947 sang
sie in Verona die Titelpartie in*
La Gioconda *von Ponchielli
mit überwältigendem Erfolg.
Die Karriere begann. Ihre
Stimme vereinigte brillanteste
Koloraturtechnik mit physischer
Kraft und glutvoller Dramatik
des Vortrags, und sie war
eine mitreißende Darstellerin.
Im September 1977 starb
sie in Paris völlig unerwartet an
einem Herzanfall. Eine Bio-
graphie, die einer Rose würdig
ist: Maria Callas, Teehybride,
Meilland 1965. Blüte
kräftighellrot bis rosa, große,
ovale Knospe, sehr blühfreudig.
Sattgrünes Blattwerk,
gesunder Wuchs, verzweigt.*

Rosenkaleidoskop

Shakespeares Rosenwörterbuch. Man muß nur sämtliche Theaterstücke und Sonette Shakespeares sauber und ordentlich abschreiben – in einen Computer einlesen, erfassen –, dann kann ein Suchprogramm im Handumdrehen feststellen, wie viele Male die Wörter «rose» oder «roses» vorkommen und wo sie stehen. Das sind die Computerspiele der Philologen. Genau 76mal kommt die Einzahl «rose» bei Shakespeare vor, genau 38mal die Mehrzahl «roses». Dazu kommen die mit Rose gekoppelten Wörter wie «rose-water» (Rosenwasser, 2mal), «rose-Mary» (Rosmarin, 7mal), «rose-cheeked» (rosenwangig, 1mal), «rose-lipped» (rosenlippig, 1mal) und «rosed» (rosig, 1mal). Am meisten wird die Rose natürlich in den Königsdramen zitiert, denn die weiße und die rote Rose sind die Wappenblumen des Hauses Lancaster und des Hauses York, die sich lange feindlich gegenüberstanden. Rosalind in *As You Like It* (Wie es euch gefällt) muß Shakespeares Liebling gewesen sein, der Mädchenname kommt in diesem wundervollen Stück nicht weniger als einundsechzigmal und immer neu verspielt vor. Mit Rosaline, «a Lady of France» in *Love's Labour's Lost* (Liebe leidet mit Lust) ging Shakespeare sparsamer um, zehnmal wird ihr Name genannt, immerhin noch einmal mehr als der jener anderen Rosaline, um die Romeo am Anfang von *Romeo und Julia* seufzt.

Der Sammler muß freilich aufpassen. Computer sammeln treu und brav und auftragsgemäß jedes «rose», egal, was es heißt. Also auch Sätze wie «and ere I rose was tarquin gone away» in *The rape of Lucrece* (Bevor ich aufstand, war Tarquin schon fort) oder «before the sun rose he was harness'd light» in *Troilus und Cressida* (Vor Sonnenaufgang war er schon gewappnet), und diese beiden Male und noch ein paar Mal mehr hat «rose» alles mit Aufstehen und nichts mit Rosen zu tun. Trotzdem, was bleibt, stiften die Dichter: «Of all flowers / methinks a rose is best» (von allen Blumen finde ich die Rose am schönsten) heißt es in Shakespeares *The Two Noble Kinsmen*. (Die Quelle ist *The Harvard Companion to Shakespeare* von M. Spevack, Hildesheim 1973.)

Spaten. Das Spatenblatt ist aus einem Stück Stahl geschmiedet. Das Blatt ist zur Erhöhung der Stabilität schwach nach vorn gewölbt. Seine Arbeitskante ist scharf, aber nicht messerscharf. Gelegentlich muß man sie glattfeilen. Die Hülse, die den Stiel aufnimmt, ist nicht angenietet, sondern mit dem Blatt aus einem Stück geschmiedet. Sie greift in zwei spitz zulaufenden Enden vorn und hinten am Stiel hoch. Der Holzstiel ist so gearbeitet, daß er fugenlos in die Hülse paßt. Er ist aus Eschenholz. Am oberen Ende bildet er einen kleinen Knauf. Spatenstiele mit Quergriff oben gibt es fast nicht mehr. Wenn der Stiel neu ist, hat er einen feinen Lacküberzug, weil das rohe Holz Blasen an den Händen machen würde. Der Lack verschwindet mit der Zeit, die Glätte wird jetzt vom Handschweiß erzeugt.

Nur ein alter Spaten ist ein guter Spaten. Sein Blatt ist ungefähr 18 cm breit und 28 cm hoch. Der Spaten wiegt morgens, wenn man mit der Arbeit anfängt, ungefähr 2 Kilo. Abends wiegt er mindestens zehn Kilo, freilich nicht auf der Waage, sondern nur an der Hand. Wenn es regnet, wiegt er noch mehr, jetzt auch auf der Waage.Und noch mehr, wenn er nicht sauber gehalten wird. Nasse Erde klebt sowieso schon kräftig, noch besser klebt sie auf Rost.

Ein sauberer Spaten ist übrigens nicht nur das bessere Werkzeug, er erheitert auch das Auge und macht das Gärtnerherz froh.

Wachstum. Die Unterglasflächen für den holländischen Schnittrosenanbau machten 1986 genau 17,6% der holländischen Gesamtanbaufläche für Schnittblumen unter

Glas aus. Der Rosenanbau ist die absolut führende Stellung in der holländischen Gesamtproduktion an Schnittblumen. Sie ist begründet durch ihre steigende Beliebtheit, vom niedrigen Preis, von den durchrationalisierten Vertriebswegen und der zunehmenden Verlagerung des Gemüseanbaus in den Süden. Die Unterglasanbaufläche für Schnittrosen wuchs dementsprechend in den Niederlanden von 422 Hektar (1970) auf 774 Hektar (1986, mein letztes Vergleichsjahr), die Gesamtunterglasanbaufläche für Schnittblumen in der gleichen Zeit von 1634 auf 4407 Hektar. Schärfster Konkurrent der Rose ist die Chrysantheme, die 1986 ganze 560 Hektar Anbaufläche unter Glas beanspruchte.

Rosen und Öl.

Gewächshäuser brauchen Wärme, Wärme braucht Energie. Die holländischen Gewächshäuser werden vor allem mit Öl geheizt. Als 1973 die erste Ölkrise kam, war Holland in Not. Es war schwierig, überhaupt Öl zu bekommen, und die Ölpreise waren zu hoch. Viele Rosenproduzenten stiegen auf Erdgas um, aber die Erdgashändler waren auch konjunkturbewußt, sie koppelten ihre Preise an die Erdölpreise. Der Aufwand für Energie, gleichgültig von welchem Energieträger, stieg innerhalb kurzer Zeit um das Fünf- bis Siebenfache. Die Rosenproduzenten mußten entweder die Flucht nach vorn ergreifen und in wärmedämmende Maßnahmen investieren oder aufgeben. Es war die Stunde der Wärmetechniker. Doppelverglasungen, Energieschirme, bessere Wirkungsgrade der Heizanlagen, sogar Windmühlen zur Erzeugung eigener Energie wurden gebaut.

Die zweite Ölkrise (1983) traf die Produzenten nicht mehr ins Mark, letzten Endes waren ihre Folgen sogar positiv, weil die Krise noch einmal einen massiven Schub von Investitionen in Energiesparmaßnahmen auslöste. Zudem streben die Züchter unermüdlich nach neuen Sorten, die mit weniger Wärme auskommen. Jeder Grad Durchschnittstemperatur weniger spart um die zehn Prozent Energie.

Urheberrecht.

Von Büchern, Musik, Bildern, Kunstwerken wissen wir, daß sie urheberrechtlich geschützt sind. Nach dem Zweiten Weltkrieg setzte sich Schritt für Schritt in Europa auch ein Urheberrecht für Rosenzüchtungen durch, das den Nachbau und die Vermehrung von geschützten Rosensorten verbietet. Nichts ist leichter, als eine neue Rosensorte zu züchten, davon kann man jedes Jahr Hunderte haben, wenn man sich nur die Zeit nimmt, die dazu nötig ist. Die Mühe liegt im Erkennen und Auswerten der Zuchtergebnisse und in ihrer Stabilisierung. Alles soll ja stimmen, Wüchsigkeit, Robustheit, Widerstandsfähigkeit, Wuchsform, Blatt, Blühwilligkeit, Farbe und Form der Blüte, Duft, Ertrag, Transportfähigkeit, Haltbarkeit, der nötige Arbeitsaufwand. Da wird die Suche nach dem Neuen, Ungesehenen bald einmal zur Schatzsucherei. Der Dieb hat es leicht. Er kauft sich zwei oder drei Pflanzen, von denen kann er in zwei, drei Jahren eine ganze Kultur anlegen.

Ziffer 20 der Lieferungsbedingungen der Rosenschulen GmbH & Co KG W. Kordes Söhne (seit 1887 – Die schönsten Rosen der Welt – Europas größte Rosenschule) merkt dies zum Nachbau- und Ausfuhrverbot an:

«Der Kauf von sortenschutzrechtlich geschützten Rosensorten und solchen, deren Handelsmarken Warenzeichenschutz genießen oder im Ausland patentrechtlich geschützt sind, verpflichtet dazu, diese geschützten Sorten ausschließlich mit den Original-Etiketten weiterzuverkaufen, die mit den Pflanzen mitgeliefert wurden sowie die erworbenen Rosenpflanzen oder Teile hiervon nicht zur Vermehrung zu benutzen und jeden Verkauf von Rosenpflanzen und Rosenaugen ins Ausland zu unterlassen.

Der Käufer verpflichtet sich, in Fällen der Weiterveräußerung diese Maßnahme auch seinen Käufern aufzuerlegen.»

Züchtung.

Schritt für Schritt: Kreuzung zweier Sorten und im ersten Jahr die Sämlinge. Wie viele es sind, hängt nur ab von der Größe einer Rosenschule und der Intensität, mit der sie sich um Neuzüchtungen bemüht. Kordes, eine der größten Rosenschulen der Welt, nimmt jährlich an die 100 000 Kreuzungen vor und erntet daraus um die 50 000 Hagebutten. Die Herbstaussaat erbringt im folgenden Februar die ersten Sämlinge. Mit ihrer ersten Blüte ab ungefähr April setzt die Ausmusterung ein. Im Herbst werden mit den Augen der übriggelassenen Sämlinge ein paar im Frühjahr ausgepflanzte Wildlinge (oder Unterlagen) veredelt. Im zweiten Kulturjahr kommen diese Pflanzen ins Freiland, wo sie dauernd geprüft werden. Die Ausmusterung geht dabei immer weiter. Am Ende, das heißt nach acht bis neun Jahren, werden die ausgewählten Neuzüchtungen in großer Zahl für den Handel veredelt. Nun muß sich zeigen, ob die Kunden die Arbeit des Züchters honorieren.

Das nächste Rosenjahrhundert.

Viel zu umständlich, zu langsam, zu teuer, zu unsicher, erklären die Wissenschaftler. Eigenschaften anzuzüchten, das heißt immer auch, andere wieder zu verlieren. Auf diese Weise kann man bis in alle Ewigkeit weitermachen, ohne je das Ziel zu erreichen, die Traumrose, die ewig blüht, unanfällig ist gegen Krankheiten, die nie erfriert, bei niedrigen Temperaturen treibt, zauberhaft duftet und so weiter. Die Manipulation des Erbgutes ist bereits Tatsache, der Austausch von Chromosomen, die Stimulation von Mutationen, also sprunghaften Veränderungen der Erbmasse, die zu den sogenannten «Sports» führt. Die in den letzten Jahren hervorgetretenen Bodendeckerrosen sind ein Beispiel für gezielte Neuzüchtung nach Anspruchsdefinitionen, die im voraus festgelegt werden. Ein hübsches Wort in diesem Zusammenhang: Straßenbegleitgrün. Das Straßenbegleitgrün ist eine Unterabteilung des öffentlichen Grüns, das sich, definitionsgemäß, auf «Anlagen der gemeindlichen Flächen, des Naherholungsgrüns» erstreckt. Beim Nachlesen erfahren wir, daß bei den Chefs der Gartenbauabteilungen, bei den Stadtgärtnern die Rose lange Zeit sehr wenig beliebt war, weil sie als zu pflegeaufwendig und zu krankheitsanfällig galt. Das hat sich geändert. Nun sollen aber auch die Gartenarchitekten, forderte zum Beispiel Hans-Dieter Warda, der technische Leiter des Botanischen Gartens Hamburgs, «mit überzeugenden Beispielen das neue Rosenjahrhundert einleiten».

Rosenfreunde.

Der Verein Schweizer Rosenfreunde wird präsidiert vom schweizerischen Rosenvater Dietrich Woessner, Nelkenstrasse 26, CH - 8212 Neuhausen (von Dietrich Woessner gibt es unter anderen die Bücher *Rosen für den Garten, Rosenkrankheiten,* beide im Ulmer Verlag, Stuttgart).

Der Verein Deutscher Rosenfreunde e.V. (VDR) wurde 1883 gegründet. Geschäftsstelle: Waldseestraße 14, D - 7570 Baden-Baden. Dem VDR gehören über fünftausend Mitglieder aus aller Welt an. Sie erhalten das mit dem Mitgliederbeitrag abgegoltene, jeweils im März, Juni, September und Dezember erscheinende, 250 Seiten starke Vierteljahresheft *Der Rosenbogen.* Sie können auch an dem jährlich stattfindenden Rosenkongreß teilnehmen, der in der Regel im Zusammenhang mit einer Schnittrosenschau durchgeführt wird. Zu den hochgeschätzten Unternehmungen des Vereins gehören seine Studienreisen.

Die Österreicher Rosenfreunde sind erreichbar über die Österreichische

Gartenbaugesellschaft, Parkring 12/III 1, A - 1010 Wien.

Mit Rosenfreunden in Frankreich und Belgien kann man unter nachstehenden Adressen Kontakt aufnehmen: Société française des roses, Parc de la Tête d'Or, F - 69459 Lyon. Société royale nationale belge des amis de la rose, B - 9762 Mullem.

The Royal National Rose Society vereint englische Rosenliebhaber. Adresse: Bone Hill, Chiswell Green, St Albans, Herts. Die gleiche Gesellschaft gibt auch eine Vierteljahreszeitschrift heraus, außerdem veranstaltet sie in ihren eigenen Rosengärten Frühling-, Sommer- und Herbst-Rosenausstellungen und jährlich Anfang Juli ein Rosenfest (an derselben Adresse).

Schließlich noch eine Anschrift von den vielen, vielen möglichen, die sich zu merken lohnten: The National Gardens Scheme, 57 Lower Belgrave Street, London SW1. Dort ist der Führer *Gardens of England and Wales Open to the Public* erhältlich, der jene Privatgärten mit schönen Sammlungen alter Rosen verzeichnet, die an bestimmten Tagen im Sommer jedem zugänglich sind. Eine ähnlich geartete Broschüre gibt es übrigens auch für Schottland, sie ist erhältlich bei Scotland's Garden Scheme, 31 Castle Terrace, Edinburgh.

Rosengärten in den Vereinigten Staaten und Kanada.

Der Botanische Garten von Huntingdon, California, ist die einzige sichere Adresse an der US-amerikanischen Westküste, der Garten wird geschätzt wegen seiner großen Teerosensammlung. Die Ostküste ist besser versehen, da gibt es Rosengärten in Jamaica Plain, Massachusetts (Arnold Arboretum); in Philadelphia (Marion W. Revinus Rose Garden, Morris Arboretum); in Wooster, Ohio (Michael H. Hovath Garden of Legend and Romance); Columbus, Ohio

(Park of Roses).

Kanadas Rosengärten liegen in Burlington, Ontario (Centennial Rose Garden); Victoria, British Columbia (Butcharts Gardens); Montreal (Connaught Park Rose Gardens); Ottawa (Dominion Arboretum and Botanic Gardens); Niagara Falls (Royal Horticultural Gardens).

Rosenprüfung.

Wenn auf dem Etikett an der Jungpflanze ein Signet zu sehen ist, das auf schwarzem knospenförmigem Grund eine weiß ausgesparte Rosenblüte zeigt, dann stehen auch die Buchstaben ADR darunter: Anerkannte Deutsche Rose. Das heißt, daß der Züchter diese Rosensorte erfolgreich der allgemeinen deutschen Rosenprüfung unterworfen hat. Dazu werden in neun voneinander unabhängigen Prüfungsgärten der Bundesrepublik unter ganz verschiedenen Boden- und Klimaverhältnissen deutsche und ausländische Rosenneuheiten über drei bis vier Jahre auf bestimmte Kriterien geprüft. Diese härteste Rosenprüfung der Welt verbietet während dieser Zeit jede Maßnahme gegen Krankheiten oder Schädlingsbefall. Rosen, die nach dieser Prüfung das ADR-Zeichen bekommen, gelten als besonders wertvoll und robust. Im Verlauf von nunmehr dreißig Jahren haben nur etwa fünfzehn Prozent der geprüften Neuzüchtungen die Auszeichnung ADR-Rose erworben.

Die Einteilung oder ein bißchen Pflanzensystematik.

Ganz einfach und einfach unheimlich schwierig. Wo ist die Rose im botanischen System zuhause? Wir schlagen einen Suchpfad ein, um sie zu finden.

Am Anfang der Schöpfung sozusagen erkennen wir zwei Abteilungen von Pflanzen, solche, die sich vegetativ (durch Teilung, Ableger, Brutknollen etc.) und solche, die sich generativ (durch Samen) fortpflanzen, die heißen *Spermatophyten.* Wir bleiben bei der Abteilung der Spermatophyten. Bei den Spermatophyten unterscheiden wir nacktsamige und bedecktsamige Pflanzen, die Magnoliophytina. Wir bleiben bei der Unterabteilung der *Magnoliophyten.* In der Unterabteilung der *Magnoliophyten* gibt es zwei Klassen, die Monocotyledonen (also die einkeimblättrigen, zum Beispiel Lilien, Orchideen, Palmen oder ganz einfach Gras) und die *Dicotyledonen* (die zweikeimblättrigen). Die Rose gehört zu den zweikeimblättrigen Pflanzen, wir bleiben also in der Klasse der Dicotyledonen und steigen im sich verzweigenden Astwerk des Stammbaums weiter und scheiden die Ordnung der *Rosales* (der rosenartigen Gewächse) aus dem gesamten Ordnungsverband (mit zum Beispiel Ranales, Rhoedales, Urticales). Im Vergleich zu anderen Ordnungen von Blütenpflanzen ist die Ordnung Rosales mit gerade drei Familien klein. Eine dieser Familien heißt *Leguminosae,* sie ist eine der wichtigsten für die Ernährung des Menschen, Soya, Erbsen, Bohnen, Erdnüsse, Linsen, Lupinen gehören dazu. Und eine heißt *Rosaceae* (Familie der Rosengewächse). Bei der Rose sind wir damit aber noch nicht. Auch die Rosazeen sind nämlich eine Art Großfamilie, ein Familienverband, zu dem beispielsweise die Unterfamilie der *Maloideae* (Apfelgewächse) gehört, also Äpfel, Birnen, Quitten, die Eberesche, die Mispel, und jene der *Prunoideae* mit Kirsche, Pflaume, Pfirsich, Nectarine als einer anderen Unterfamilie, und es gehört endlich dazu die Unterfamilie der *Rosoideae* (der rosenähnlichen Pflanzen) mit ungefähr 34 Gattungen *(Genera),* von denen wir zum Beispiel gleich und leicht *Rubus* (Brombeere, Himbeere, Erdbeere) erkennen, und eine davon heißt – wir sind endlich angekommen – *Rosa.*

Rosa hat ungefähr 150 Wildformen, an die fünfzehn bis zwanzig davon waren immer bei uns in Europa heimisch, andere sind eingeführt worden. Unsere Wildrosen heißen zum Beispiel *Rosa canina,* die Hundsrose, oder *Rosa rugosa,* die Kartoffelrose, oder *Rosa eglanteria* und so fort. Sie sind alt, und sie sind unverändert und sie haben zahlreiche Nachfahren *(Hybriden)* aus sich heraus gekreuzt. Im Südwesten der Vereinigten Staaten, in Oregon und Colorado, haben Forscher in fossilen Ablagerungen gefunden, was sich unzweifelhaft als Rosen erkennen läßt. Sie datieren ungefähr 32 Millionen Jahre zurück, und der Ursprung der Rose ist das angeblich noch lange nicht.

Rosenkranz. Aus dem Lateinischen *rosarium* für Rosengarten, im Englischen heißt der Rosenkranz immer noch so: *rosary.* Die Sachkenner belehren uns, daß der Rosenkranz materiell nichts mit Rosen zu tun hat. Vielmehr erinnert der Name *rosarium* daran, daß das Morgenland seit langem die Gepflogenheit hat, Sammlungen von Gedichten oder Geschichten als Gärten zu bezeichnen. Aus dem iranisch-persischen Sprachraum kommt zum Beispiel der sogenannte *Golestan,* das ist *Der Rosengarten,* eine Sammlung von Erzählungen des Dichters Scheich Abu Sa'di aus der Mitte des dreizehnten Jahrhunderts. Am Anfang steht die Entstehungsgeschichte. Ein Freund hatte den Dichter besucht und wollte sich, mit Rosen beschenkt, auf den Heimweg machen. Die Gespräche über das Leben, die sie geführt hatten, hatten die Freunde nachdenklich gestimmt: «Auf den Bestand der Rosen des Gartens, sprach ich, kann man, wie du weißt, nicht vertrauen und auf die Verheißungen des Rosengartens nicht bauen... Zur Erlustigung der Beachtenden und zur Erheiterung der Betrachtenden kann ich ein Buch des Rosengartens verfassen, dessen Blätter der Wind des Spätjahres nicht mit gewalttätiger Hand zerreißt und an dessen Frühlingsluft der Wechsel der Zeit nicht durch den Flatterwind des Herbstes seine Unbeständigkeit beweist.»

Der Rosenkranz, wie wir ihn kennen, ist eine Gebetsschnur, bei der die Gebete mit Hilfe von beispielsweise Perlen gezählt werden können, diese Gebetsschnüre sind so im Brahmanismus, im Hinduismus und im Islam üblich, wo sie zur Anrufung der 99 Namen Allahs dienen. Von dort sind sie an das Christentum übergegangen. Die ausgebaute Zahlensymbolik des Rosenkranzes – seine Fünfteilung als Erinnerung an die fünf Geheimnisse Mariae oder an die Grundzahl fünf der Wildrosenblüte oder an die fünf Wundmale Christi ist später aufgesetzt. Daß es eine schöne Gepflogenheit junger Frauen war, bei Festen Kränze aus Rosen auf dem Haar zu tragen, wissen wir aus vielen Hinweisen in der Literatur und der Malerei, aber wir wissen auch, daß diese Rosenkränze mit den *rosarien* nichts zu tun haben.

Windrose. Eine Kreisscheibe, auf der die Himmelsrichtungen aufgetragen sind. Oft sind in vier Ecken die vier Hauptwinde dargestellt, die mit dicken Backen in die Mitte blasen. Die schönste Windrose, die ich kenne, ist an der Decke eines gotischen Treppenhauses in der Altstadt von Uzès in der Provence gleich beim Schloß um die Ecke aufgemalt. Das Haus ist tagsüber immer offen.

Kompaßrose. Die Kompaßrose von ehedem war eine leichte, runde Scheibe aus Papier, Glimmer oder Blech. Sie schwebte mittels eines Hütchens aus Achat auf einer Nadel in der Mitte eines Kompaßgehäuses. Die Rose – und daher, wie bei der Windrose, ihr Name – hat am Rande eine Einteilung nach 360 Graden oder nach den 32 Strichen der Windrose zu je 11 1/4 Grad von Nord über Ost und Süd nach West umlaufend.

Wappenrose. Die Wappenrose ist in der Frühzeit immer fünfblätterig und streng stilisiert. Sie hat die Blüte der Wildrose zum Vorbild. Später ist sie auch gefüllt, wie zum Beispiel im Stadtwappen von Rosenheim (Bayern). Die berühmtesten Wappenrosen sind vermutlich die der englischen Fürstenhäuser Lancaster und York, die sich dreißig Jahre um die Durchsetzung ihres Anspruchs auf die Thronfolge bekriegten. Martin Luthers Wappen besteht aus einer Rose mit einem eingeschriebenen Kreuz.

Rosenkriege. Nach den Wappen der Häuser Lancaster – rote Rose – und York – weiße Rose – benannter Bürgerkrieg (1455–1485) um die englische Thronfolge. Beide Familien beanspruchten die Krone kraft ihrer Abstammung von den Söhnen Edward III. Da das Haus Lancaster den Thron seit 1399 innehatte, hatte die Familie York kein begründetes Recht. Das leitete sie aus dem Umstand ab, daß der seit 1422 regierende Heinrich VI. ein schwacher Mann war, der unter dem verderblichen Einfluß seiner Frau Margarete von Anjou die französischen Besitzungen Englands verspielte. 1453 wurde er geisteskrank. Gesetzlosigkeit hatte längst um sich gegriffen, die reichen Landbesitzer unterhielten Privatarmeen und preßten der Landbevölkerung Steuern ab. Da erhob sich eine mächtige Clique von Landbaronen und wollte Richard, den Herzog von York, zum Reichsprotektor machen. Erst nach vielen Feldzügen und Schlachten erhob York Anspruch auf den Thron, gab sich dann allerdings nach der für seine Anhänger siegreichen Entscheidungsschlacht am 10. Juli 1460 mit dem Zugeständnis zufrieden, den Thron nach Heinrich VI. Tod zu besteigen. Das hieß freilich, daß Heinrich VI. Sohn enterbt wurde, was nun wieder seine Mutter Marguerite d'Anjou dazu veranslaßte, ihren Widerstand fortzusetzen.

Die Rose von Jericho. Hat mit Rosen nichts zu tun. Die *Anastatica hierochuntica* ist im westlichen Asien daheim.

Die kleine, graue Pflanze dreht ihre Äste und Samenstände in der trockenen Saison einwärts und formt so eine Kugel, die sich jahrelang konservieren kann. Sie öffnet sich, wenn sie feucht wird, und bildet sich zu einer farnartigen Pflanze von ungefähr dreißig Zentimetern aus, die kleine, weiße Blüten trägt.

Rosenquarz. Ein rosenfarbenes Mineral der Familie Siliziumdioxyd SIO_2, das in Brasilien, Schweden, Südwestafrika, Kalifornien und Maine vorkommt.

Rosenholz. Rosenholz ist meist das Holz der Wurzel von *Convolvulus scoparius* auf den Kanaren und von *Convolvulus virgatus* auf Teneriffa. Vermutlich gehört auch das Holz von *Genista canariensis* (Ginster) dazu. Es ist sehr dicht, riecht nach Rosen, wird zu Intarsien und Furnieren verwendet, aber auch geraspelt zum Füllen von Riechkissen oder zur Bereitung einer Tinktur und eines ätherischen Öles (Rosenholzöl). Auch andere Hölzer verschiedener Herkunft, aber nicht aus der Familie der *Rosazeen,* die rosenrot gefärbt sind oder nach Rosen riechen, werden als Rosenholz bezeichnet, zum Beispiel das zyprische von *Cordia latifolia.* Nur aus Rosen gibt es kein Rosenholz.

Rosenkreuzer. Eine Bruderschaft, deren Mitglieder sich englisch Rosicrucians nennen, die auf französisch Rose-Croix heißt. Die Rosenkreuzer sind Anhänger einer Geistesströmung, die ins 17. Jahrhundert zurückgeht. Ihr Urheber ist angeblich ein im 13. Jahrhundert geborener Ritter Christianus Rosenkreutz. Seine schriftlichen Hinterlassenschaften werden von der Forschung als Fälschungen bezeichnet, in denen sich Ernst und Scherz auf vielfältige Weise mische.

Rosenkohl. Wer wartet, bis die Seitensprossen der Pflanze sich entfalten, sieht

ein, daß *Brassica oleracea* seinen Namen zurecht bekommen hat, kann das Gemüse dann freilich kaum noch genießen.

Rosa mutabilis. Genug ist nie genug, also begegnet man gelegentlich in der Literatur Rosensorten, die es gar nicht gibt. Der spanische Dichter Federico Garcia Lorca (1898–1936) züchtete auf dem Papier für sein Theaterstück *Dona Rosita bleibt ledig* oder *Die Sprache der Blumen* (1934/35) aus der existierenden *Rosa alba mutabilis* mit rosa Knospen und weißen und roten Blüten seine *rosa mutabilis,* mit der die Grundmetapher des Stücks, die Vergänglichkeit (ohnehin ein immer wiederkehrendes und lyrisch benutztes Attribut der Rose) noch einmal betont wird. Die rosa Knospen der Rosa mutabilis (der *wandelbaren* Rose also) erblühen morgens im reinsten Rot (der Farbe des Blutes, der Liebe), im Laufe nur eines Tages verlieren sie ihre Farbe und werden reinweiß (in vielen Kulturen die Farbe des Todes), nachts fallen sie ab. Angesichts dieser vom erfüllten, blutvollen Leben ganz abgewendeten Erfolge des rosenzüchtenden Onkels der Dona Rosita findet die bodenständige, kräftige, volksverbundene Amme denn auch: «Wo eine Orange oder eine gute Quitte ist, kann man alle Rosen der Welt wegtun.»

Was auch besagen will, daß der Rosenkult, den lyrischen Feinsinn, den die Anhänger von kostbarer Künstlichkeit und hochästhetisierter Geschmackskultur betreiben, etwas anderes ist als der Wirklichkeitssinn des Volksmunds, der feststellt, daß jemand, der ein schweres Schicksal hat, nicht auf Rosen gebettet ist, daß es keine Rosen ohne Dornen gibt (was übrigens nicht stimmt) oder auf französisch, noch unverblümter, ungerührt feststellt «Il n'est si belle rose qui ne devienne gratte-cul».

Inhaltsverzeichnis

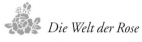
Die Welt der Rose

Idee und Konzeption für dieses Buch wurden
vom Mondo-Verlag entwickelt

Direktion: Arslan Alamir
Grafische und technische Realisation: Horst Pitzl
Maquette: Rébecca Käslin

MONDO

© 1992 by Mondo-Verlag AG, Vevey
Gedruckt in der Schweiz

ISBN 2-88168-313-4

Adresse: Mondo-Verlag AG
Avenue de Corsier 20, 1800 Vevey
Telefon 021 / 922 80 21

Satz: Mondo-Verlag AG
Druck: Imprimeries Réunies Lausanne s.a.
Fotolithos: Ast + Jakob AG, Köniz
Bucheinband: Mayer & Soutter SA, Renens
Papier: Bieber Papier AG, Biberist